AN EARLY NORSE READER

T0345445

AN
EARLY NORSE READER

EDITED BY

G. N. GARMONSWAY

Assistant Lecturer in English,
University College of Wales, Aberystwyth.
Late Scholar of St Catharine's
College

CAMBRIDGE
AT THE UNIVERSITY PRESS
1928

CAMBRIDGE UNIVERSITY PRESS
Cambridge, New York, Melbourne, Madrid, Cape Town,
Singapore, São Paulo, Delhi, Tokyo, Mexico City

Cambridge University Press
The Edinburgh Building, Cambridge CB2 8RU, UK

Published in the United States of America by Cambridge University Press, New York

www.cambridge.org
Information on this title: www.cambridge.org/9781107601369

First published 1928
First paperback edition 2011

A catalogue record for this publication is available from the British Library

ISBN 978-1-107-60136-9 Paperback

PREFACE

The object of this book is to enable the student to read Early Norse Literature in the original language. It is scarcely to be expected that an intensive study of this language, such as is given to the Classical and the chief Modern Languages, can ever be possible to any considerable number of students in this country; but there are many who feel the attraction of Early Norse Literature, owing to its originality and independence. It presents to us the picture of a society with customs, ideas and beliefs different from our own to-day, yet not so remote as to be unintelligible to us. And at the same time it is an invaluable and indeed absolutely necessary supplement to our own early literature which, owing to its predominantly ecclesiastical interests, gives us all too little information regarding the world of our ancestors.

Many of the leading works of this literature are already accessible in English translations, and it is on such translations no doubt that the majority of readers must always be dependent; but a knowledge of the original language which, at least in the prose works, is not difficult, is of the greatest value in enabling the reader to acquire a closer insight into the literature, and perhaps also in removing certain misconceptions. It will also enable him to extend his reading to the considerable body of literature which has not yet been translated.

The passages given in this book are mostly taken from works which are already accessible in translations and may therefore be consulted by the reader. References to these translations are given in each case. In the first few extracts, however, a word-for-word translation has been provided to facilitate the task of the beginner.

In selecting the passages I have been guided in general by the desire to present as varied a picture as possible of the life, activities and interests of the Scandinavian peoples during the Viking Age, the period of their maritime expansion; but since

the book is intended for English-speaking students some promi-
nence has been given to works which have a bearing upon Anglo-
Saxon literature, the history of the British Isles and the discovery
of America. The wealth of material available has made selection
difficult and, in consequence, many attractive works have had to
be ignored. For this reason no extracts have been made from
Snorri Sturluson's *Prose Edda*; it is assumed that the student
will pass on to read this work at an early stage in his Norse
studies. On the other hand I have included—as an appendix to
the prose passages—an extract from *Þiðreks Saga af Bern* which,
though inferior as literature to the rest of the passages, will be
useful for reference to students reading the Anglo-Saxon poem
Waldhere.

But little poetry has been included. If this had been more
fully represented it would have involved a considerable increase
in the size of the book. Many complete editions of the Edda
poems have been published in Germany and Scandinavian
countries, and several English translations are available. But
with the awakening interest in Norse studies it cannot be long
before English editions of the various poems are undertaken,
furnished with commentary as well as translation, like Clarke's
Hávamál. Several of the chief skaldic poems are already ac-
cessible, in similar form, in Kershaw's *Anglo-Saxon and Norse
Poems*.

In the majority of the passages the texts used are those from
which the translations cited in the notes are taken. In some
cases, however, more recent editions have been used. The passages
from *Njáls Saga* are taken from the Copenhagen edition of 1875
(K. Gíslason). I have to express my thanks to the Samfund til
Udgivelse af gammel nordisk Litteratur for permission to take
extracts from their editions of *Hrólfs Saga Kraka*, *Egils Saga*
and *Laxdœla Saga*, and to Professor Finnur Jónsson personally
as editor of the two former, as well as for permission to use his
edition of the *Landnámabók*; to Mr Sigurður Kristjánsson for
the use of the editions of *Egils Saga, Laxdœla Saga, Landná-
mabók, Fornaldar Sögur* and *Þiðranda þáttr*, published by him;
to Professor F. Holthausen for the use of the passage (No. 40)
from *Þiðreks Saga af Bern* which is taken from his *Altislän-*

disches Lesebuch[1]; and to the Controller of H.M. Stationery Office for the use of the Rolls Edition of the *Orkneyinga Saga*. The system of orthography employed is that which is used— with slight variations—in most of the editions from which the extracts are taken. It is identical with the system used in the two Icelandic-English dictionaries by Cleasby-Vigfússon and Zoëga, except that I have distinguished between æ and œ. I have not used the ǫ symbols, or attempted to express the distinctions between ǫ and ø or between á and ǫ́ which are found in the earliest texts; however valuable these distinctions may be for the history of the language, they tend to harass the beginner and are in no way necessary for the purpose for which this book is intended. Normalisation has been carried out only to a limited extent. Thus I have not thought it necessary to substitute the archaic "Middle" suffix (s)k for the forms which actually occur in the texts, -z in the earlier, and -st in later texts. The definite article will be found as *enn* in the earlier and as *hinn* in the later texts.

In the preparation of the grammar I am indebted to the works of Sweet, Noreen, Wimmer and Ragnvald Iversen. This part of the book has purposely been kept within narrow limits. It is intended merely to provide the student with the assistance necessary for reading the literature in the original. Those who wish to study the history of the language are referred to Noreen's *Altnordische Grammatik*.

I have unfortunately not been able to make use of Professor Gordon's excellent *Introduction to Old Norse*. When it came out this book was practically completed, though its publication has been delayed by illness and other causes.

I desire to express my thanks to Miss B. S. Phillpotts, O.B.E., formerly Mistress of Girton College, who has kindly read the proofs and helped me throughout by her valuable suggestions and advice.

I am also greatly indebted to Professor H. M. Chadwick, Fellow

---

[1] This passage is printed according to the language and orthography of the *Lesebuch*, except that ö is substituted for ǫ and ø, and á for ǫ́, in accordance with the practice followed in the rest of the book. I learn that a new edition of this very useful book is shortly to be published.

of Clare College, who suggested the preparation of the Reader and who has been most generous with his help whenever I was in difficulties.

My thanks are also due to Mrs Chadwick, for help with the Introduction and the planning of the Grammar; to my sister, for assistance in preparing some of the texts; to Professor J. W. H. Atkins, late Fellow of St John's College and to Mr J. M. de Navarro, Fellow of Trinity College, for many useful criticisms.

I wish further to thank the Syndics of the University Press for undertaking the publication of the book, and the Staffs of the University Library, Cambridge, and of the Library of the University College of Wales, Aberystwyth, for their unfailing courtesy and assistance.

G. N. G.

17 *March* 1928

CONTENTS

ADDENDA ET CORRIGENDA

p. 2, l. 15, read "there in remote islands."

p. 11, §14, Note 1, for *fugol* read *fugl.*

p. 15, § 22, l. 6, *Guðrún* should be transferred to Note 2 (D. sg. -*u*).

p. 16, § 25, l. 4, after G. sg. *vikar* add (*vikr*).

p. 129 *b*, for fimti read fimmti.

p. 133 *a*, for héðan read heðan.

p. 134 *a* (bottom of page), for verr read hverr.

p. 144 *b*, for troll read tröll.

p. 145 *a*, for tvítugeyringr read tvítögeyringr.

p. 148 *a*, for þrevetr read þrévetr.

for þverfingr read þversfingrs (adv. G.).

I. INTRODUCTION

The Norse language, the native language of Norway, belongs to the Scandinavian or Northern group of the Teutonic languages. In early times it differed but little from Danish and Swedish. Its history can be traced back by inscriptions for at least 1500 years, but the oldest literature which has been preserved dates from the IX[1], the early part of the Viking Age. Before that time nothing is known either of the country or the people except from tradition and from occasional references, derived from travellers' stories, in foreign works.

For the Norwegians, as indeed for the Scandinavian peoples generally, the Viking Age was the great period of expansion and the time when their power and influence was most widely felt. The early piratical expeditions to the West, which are first heard of towards the close of the VIII, were followed by conquest and the establishment of fortified centres in the conquered districts, by the exploration and colonisation of unknown lands and by the rise of important maritime trade. From the IX to the XI, and to a certain extent even later, they dominated the western seas. In the X, at the time of their greatest expansion, they ruled in Normandy, in Dublin and all the important Irish ports, and in the north of Scotland with nearly all the islands which lie off its west coast. In England, where they were much mixed with Danes and other Scandinavians, they had dominion over considerable territories in the north, although their tenure of these was insecure. In the northern seas they occupied the Orkneys, the Shetlands, the Faroes, Iceland from 874, and, after 985, Greenland.

The largest dominion acquired by any Scandinavian king was that held by Cnut, who from 1028–35 had in his possession Norway, as well as England and Denmark. The Mediterranean world now became familiar to the people of the North, partly through his influence—especially by his journey to Rome—and partly through the exploits of the Norwegian prince Harold

---

[1] The Roman figures refer to centuries.

Hardrada, who entered the service of the Greek emperors and led a body of Scandinavian troops in Sicily, Palestine and elsewhere. But by this time the Norse influence in the West had already begun to decline. The Normans were becoming French: the power of the kingdom of Dublin and of the Norse settlements in Ireland generally was on the wane. The Scandinavian elements in England seem to have been rapidly assimilated after Cnut's death.

It was not until towards the end of the XII that Norse rule came entirely to an end in Ireland, while in the west of Scotland and the Isle of Man it lasted for nearly a century longer. The language seems to have been displaced everywhere by Gaelic or English shortly afterwards. Yet in Orkney and Shetland, under Norse (later Danish) rule, it was spoken until a much later date; the language survived there and in the remote islands down to the XVIII. The colonies in Greenland seem to have come to an end in the XV and nothing definite is known as to their fate. At the present time Iceland and the Faroes are the only countries in the West which preserve the Norse language.

In Norway itself, after the union with Denmark in 1387, the native language was gradually displaced by Danish among the upper and educated classes, though it is still spoken by the country people. The language which in this country is now commonly called Norwegian is merely Danish as spoken in Norway, and it is in this language that almost the whole of modern Norwegian literature is written. There is nevertheless a movement in progress at the present time to restore the native language, and since the beginning of the century it has been increasingly employed for literary and scientific purposes.

The conquests made by the Scandinavians during the Viking Age made a deep and lasting impression on the British Isles. Many towns, both of England and Ireland, owe their origin to this cause, and it would be difficult to overestimate the extent of Scandinavian influence upon the institutions of this country.

The literature, however, has had no such influence. Whatever early literature existed in Danish or Swedish has long been forgotten. Norse literature was practically known only in remote islands from the XV until its rediscovery in modern times. Yet this literature is, with the exception of Greek, the most remarkable, in some respects, which Europe has produced. Norse and Gaelic are the only languages which can claim to have produced a considerable literature independent in the main of classical and theological traditions.

The flourishing period of Norse poetry coincides practically with the Viking Age, i.e. from the IX to the XI, although it was not until early in the XII that it was committed to writing. The earliest poetry of known authorship is that by Bragi Boddason (fl. 830), about whom practically nothing is known[1]. Mere fragments of his work remain; the most interesting of these is the *Ragnarsdrápa*, which describes a shield on which are depicted certain well-known Teutonic stories: the language of the poem is artificial and the meaning often obscure.

Harold the Fairhaired, King of Norway 860—930, encouraged poets at his court: the most famous were Thorbjörn Hornklofi, who composed a panegyric on the king's victory at Hafrsfjörðr (872) and Thjóðólfr of Hvín, whose poem, the *Ynglingatal*, formed the basis of Snorri Sturluson's *Ynglinga Saga*. The finest poem of this early period is the anonymous *Eiríksmál*, which describes how Odin received the slain king Eric Bloodaxe, Harold's son, into Valhalla. A few years later Eyvindr the Plagiarist used the same poetic conception in his poem the *Hákonarmál*, composed on the occasion of the death of King Hákon the Good (960).

The viking of this period was often an accomplished poet; Icelanders seeking their fortunes in Norway, Sweden or in the British Isles often tried to secure the favour of kings and earls by reciting poems in their presence. Gunnlaugr Ormstunga, for example, used to arrive at each court with a panegyric in honour of its ruler already composed and ready to recite at the earliest opportunity[2]. The most famous of these warrior-poets in the early X was Egill Skallagrímsson: while serving under Æthelstan he composed the poem *Aðalsteinsdrápa* in honour of the English king; a few years later, when a prisoner of Eric Bloodaxe at

---

[1] Cf. Extract 16, ll. 103 ff.   [2] Cf. Extract 31.

York, he won his freedom by flattering the earl in the poem *Höfuð-lausn*[1] ('Head-Ransom'), which he composed in a single night and recited before the king. His best poem is the *Sonatorrek*[2], composed on the occasion of his son's death; the poet's sorrow is successfully expressed in the poem in spite of the artificial language of the skaldic verse. Other famous Icelandic poets were Hallfreðr the Satirist[3] (fl. 990) and Sighvatr Þórðarson (fl. 1020).

Mention must be made here of the anonymous *Darraðarljóð* which Gray paraphrased in his 'Fatal Sisters.' The text is preserved in the *Njáls Saga*, and there follows the description of the Battle of Clontarf (1014). It is generally supposed that this poem was composed in Ireland, and it may have been in existence some time before the battle with which it is associated in the saga.

In addition to the poems mentioned above there are a considerable number of anonymous poems commonly known by the name 'Edda,' most of which are preserved in a MS. of the XIII: the poems themselves, however, are of much earlier date and are much simpler in style than the skaldic poems. The first fifteen deal with subjects of a mythological character, the remaining twenty-two have heroic stories for their themes, and in particular the story of the Völsungs. It is commonly believed that most of these poems were composed in Norway, although they are preserved only in Iceland: it is usually thought that the *Rígsþula* was composed in the British Isles.

Old Norse literature in prose is mainly represented by the Icelandic Sagas, which recount the life-stories of many famous Icelanders and their adventures in the western seas. The sagas are of unknown authorship and although not written down until the XII or XIII had existed for many generations previously as oral narratives. The kernel of each saga was no doubt often in existence during the hero's own life-time; in succeeding generations, as story-tellers recited the tale, it would be elaborated and expanded by the incorporation of new traditional matter, both genuine and fictitious. The stories, however, are by no means confined to events in Iceland: the scene is as often laid

[1] Cf. Extract 16.   [2] Cf. Extract 18.   [3] Cf. Extract 24.

abroad, in some part of the extensive Norse-speaking world, in the British Isles, Norway, Sweden and even in America. More than half the saga of Gunnlaugr, for example, is devoted to describing his voyages to London, Dublin and Uppsala. It was natural that the story of such adventures would be eagerly listened to by Icelanders at home, many of whom would take care to memorise some part of the tale to recount on another occasion. That the services of skilled raconteurs, who by arranging such material could relate an attractive story, were highly appreciated at the courts of kings is well illustrated by the story given in Extract 36[1].

The Icelandic Sagas came into existence for the purpose of entertainment, and are not necessarily concerned with important historical events. Ari the Priest (1067–1148) was the first to write the 'history' of his country: his *Islendingabók* and the later work the *Landnámabók* tell of the arrival of the first settlers, their 'land-taking' and the subsequent development of the island. Other works, likewise based largely on oral tradition, relate the history of the various kings of Norway; in particular the 'History of Norway' written by Snorri Sturluson (1178–1241) and known as the *Heimskringla*. Snorri endeavours to derive the ancestry of the Norwegian kings from the old gods; he therefore begins his work with the *Ynglinga Saga* and sketches the early history of the Swedes, whose first kings he represents as the gods Odin, Freyr etc. ruling on earth. Snorri's other work, the *Prose Edda*, was written to serve as a handbook for the skaldic poets of his day. In this work he gives an account of the old mythology, explains the kennings used by the skaldic poets by means of stories, and concludes the work with a treatise on metre. He is indebted for his information to the poems of the *Poetic Edda*, to the then existing skaldic poems and to native tradition.

It is natural that we should find preserved in Icelandic literature not only the life-stories of men of the Viking Age but also those of heroes of very early times. In a group of sagas now known as the *Fornaldarsögur* ('Stories of Far-off Days') we find related the exploits of men like Sigurðr the Völsung, Böðvarr

---

[1] See also W. A. Craigie, *The Icelandic Sagas* (Cambridge, 1912), pp. 12 ff.

Bjarki (generally thought to be the same person as the Beowulf of the Anglo-Saxon poem) and Ragnarr Loðbrók. In such narratives there was naturally greater scope for invention, yet there is little doubt that some parts of the stories embody genuine tradition which dates from very early times. Of these sagas the best known is the *Völsunga Saga*; the *Hervarar Saga* contains some verses which are, perhaps, the most vivid in the whole of Old Norse literature.

II. THE ALPHABET AND SOUNDS

§ 1. The earliest records of the Norse language consist of inscriptions written in the Runic alphabet. This alphabet, which was in use among all the Teutonic peoples, consisted in its oldest form of twenty-four letters. In Scandinavian countries, however, the number had been reduced to sixteen by the IX. It was used chiefly for writing on wooden rods, but the inscriptions which have been preserved are mostly on stone and metal objects. There is no evidence that parchment or paper were ever employed in Norway in heathen times for writing in the Runic character; consequently it could only be used to a limited extent for literary purposes, although we hear occasionally of poems written on wooden rods[1].

§ 2. The Roman character appears for the first time on coins of Earl Hákon the Great (975–995). After the Norwegians were converted to Christianity by his successor King Olaf Tryggvason (995–1000) it must have become more widely known. There is no certain evidence for any documents written in the vernacular before 1100, but in all probability it began to be used at least half a century earlier. In the British Isles the use of the vernacular was probably earlier than in Norway, in Iceland slightly later.

§ 3. The alphabet in its earliest form was derived from England and the letters no doubt had originally the same phonetic values as in Anglo-Saxon. In course of time it underwent various modifications; c gradually went out of use and new letters for vowels were introduced. In the XIII and XIV, from which our texts are mainly derived, the following letters were in use and probably denoted the sounds indicated below.

§ 4. The consonants b, d, h, k, l, m, n, p, s, t were probably pronounced as in Modern English.

Note 1. c, frequently in early texts, = k.

Note 2. f, initially and when followed by s or t, was pronounced like E. f. Medially and finally like E. v.

---

[1] Cf. Extract 18, 1. 62.

Note 3. *g* was probably pronounced as follows : (*a*) initially, after *n*, and when doubled much as in E. *good, get, longer, foggy* ; (*b*) before *s* or *t* as a voiceless spirant (as in Germ. *Nacht* or Scot. dial. *night*) ; (*c*) in all other medial and final positions as a voiced spirant (as in Germ. *sagen*).

Note 4. *j* was pronounced like E. *y* in *yard*.

Note 5. *r* was always trilled as in Scotch.

Note 6. *v* in early times = E. *w*: by the time of the MSS. it came to have the value of E. *v*.

Note 7. *z = ts*, like Germ. *z*.

Note 8. The symbols *þ* and *ð* (*þ* having been borrowed from the Runic alphabet) are not clearly distinguished in the early MSS. In Mod. Icelandic *þ* is the voiceless *th*, and *ð* the voiced.

Note 9. *pt* is often written for *ft*.

§ 5. The vowels, in general, were probably pronounced as in Anglo-Saxon or as in Modern German or Italian.

Note 1. The acute accent (´) denotes a long vowel as in Mod. Icel.

Note 2. *á* was probably pronounced in the XIII as *a* in E. *father*; soon afterwards as in E. *ball*; and finally, by the XV, as *ou* in E. *house*.

Note 3. *y* was probably pronounced like A.S. *y* (French *u*; Germ. *ü*).

Note 4. *ö* may be pronounced as Germ. *ö* (in *können*). It denotes two sounds which are generally distinguished in early MSS. and were not confused in pronunciation until XIII. These sounds are expressed by *ǫ* and *ø* respectively in many modern editions. The former (*ǫ*) denotes the vowel arising from *a* through *u*-mutation, and often written *au* in Runic inscriptions. The latter (*ø*) denotes the vowel arising from *o* through *i*-mutation, or from *e* through *u*-mutation.

Note 5. *ǽ* was used only in Norway and probably denoted the same sound as in A.S. (E. *a* in *hat*). The corresponding Icel. forms have *e*.

Note 6. *æ* (*ǽ*) denotes the corresponding long sound and was used in Iceland as well as in Norway.

Note 7. Early MSS. and some modern editions use *ǫ́* and *ǿ* (or *œ*) for the long vowels corresponding to *ǫ* and *ø*. The former (*ǫ́*) became confused with *á*, and the latter (*ǿ*, *œ*) with *æ* in XIII.

Note 8. *ei* was probably pronounced like *ay* in E. *may*.

Note 9. *au* was probably pronounced like *ou* in E. *loud*.

Note 10. *ey* was probably a diphthong consisting of *e* and (Germ.) *ü*.

§6. SOUND CHANGES. The following are the sound changes it is most important to notice:

1. '*I*-mutation' was caused by a following *i* or *j* which has frequently disappeared. The following vowel changes result from this:

$$a—e$$
$$á—æ$$
$$u(o)—y$$
$$ú—ý$$
$$ó—œ$$
$$jú(jó)—ý$$
$$au—ey$$

2. '*U*-mutation' was caused by a following *u* which is often lost. This changes *a* to *ö* (cf. §13 (*a*) and §14, Nt. 2).

3. By 'breaking,' the vowel *e* when followed by an original *a* becomes *ja*; when followed by an original *u* it generally appears as *jö*, e.g. *gjafar*, G. sg. of *gjöf*, 'gift' (cf. vb. *gefa*, which shows the original *e*).

Note. *v* disappears before *u* or *o*, e.g. *vinna* 3 pl. pret. *unnu*.

§7. ACCENT. The accent is always on the root syllable: in monosyllabic words ending in a vowel the vowel is always long, e.g. *frá*.

III. GRAMMAR

THE NOUN

§ 8. There are three genders (masculine, feminine, and neuter) and two numbers (singular and plural) as in the other Teutonic languages.

§ 9. There are four cases—nominative (N.), accusative (A.), genitive (G.), and dative (D.). The use of these cases is, in general, similar to that found in Anglo-Saxon and the other early Teutonic languages. The most distinctive feature of O.N. is the very frequent use of the (instrumental) D. for an inanimate object, where the A. might have been expected, e.g. *þá stakk S. sprotanum* (D.) *á konungi*, 'then S. thrust the rod at the king.'

§ 10. In regard to the formation of these the following observations are useful :

    (*a*) In neut. nouns the N.A. sg. are always identical.

    (*b*) In fem. nouns the A.D. sg. are usually identical (cf. § 21, Nt. 1).

    (*c*) In fem. and neut. nouns the N.A. plu. are always identical.

    (*d*) In masc. and fem. nouns the N. plu. always ends in -*r*.

    (*e*) In all nouns the G. plu. ends in -*a*.

    (*f*) In all nouns the D. plu. ends in -*um*.

    (*g*) Neut. nouns which have -*a*- in the sg. have -*ö*- (in unaccented syllables -*u*-) in the N.A. plu. In all other neut. nouns—with two exceptions (cf. § 28, Nt. 3)—the N.A. sg. and the N.A. plu. are identical.

    (*h*) All nouns which have -*a*- in the sg. have -*ö*- in the D. plu.

§ 11. In the majority of masc. nouns and in some fem. nouns (cf. § 24) the N. sg. ends in -*r* for earlier -*z* which corresponds to Gothic, Latin and Greek -*s*.

The following changes should be noted:

(a) *-r* is assimilated to a preceding *-l, -n, -s* after a long vowel, or diphthong, or in unaccented syllables.

(b) *-r* is usually lost after *-l, -n, -r, -s* preceded by a consonant.

§ 12. Dissyllabic stems ending in *-l, -n, -r* generally lose the vowel of the second syllable when the case ending begins with a vowel.

§ 13. Note should be taken of the changes of vowels in declension (cf. § 6). The most important variations are:

      (a) *a—ö,*
      (b) *a—e,*
      (c) *u (o)—y,*
      (d) *á—æ,*
      (e) *ó—æ,*
      (f) *jö—ja—i.*

MASCULINE NOUNS

§ 14. Type I.

armr, 'arm' is declined as follows:

	N. sg.		plu.	
N. sg.	armr		plu.	armar
A.	arm			arma
G.	arms			arma
D.	armi			örmum

Similarly are declined *úlfr,* 'wolf,' *fiskr,* 'fish,' *hundr,* 'dog' and very many others.

Note 1. *steinn,* 'stone,' *íss,* 'ice,' *fugol,* 'bird,' *þurs,* 'demon,' *hamarr,* 'hammer,' *ketill,* 'caldron' have A. sg. *stein, ís, fugl, þurs, hamar, ketil,* G. sg. *steins, íss, fugls, þurs, hamars, ketils.* For N. sg. see § 11 (*b*).

Note 2. *hamarr* has D. sg. *hamri;* plu. N. *hamrar,* A.G. *hamra,* D. *hömrum* (§ 6. 2). So also *jötunn,* 'demon'; D. sg. *jötni,* etc.

Note 3. *ketill* has D. sg. *katli;* plu. N. *katlar,* A.G. *katla,* D. *kötlum.* So also *lykill,* 'key,' *Egill;* D. sg. *lukli, Agli* (cf. § 12).

Note 4. *dagr,* 'day' has D. sg. *degi.*

§ 15. Type II.

hirðir, 'herdsman' is declined as follows:

	N. sg.	hirðir	plu.	hirðar
	A.	hirði		hirða
	G.	hirðis		hirða
	D.	hirði		hirðum

So also *hellir*, 'cave,' *hersir*, 'baronial chief,' *Grettir*, etc.

Note. *eyrir*, 'ounce' has plu. *aurar*, 'money,' 'chattels.'

§ 16. Type III.

gestr, 'guest' is declined:

	N. sg.	gestr	plu.	gestir
	A.	gest		gesti
	G.	gests		gesta
	D.	gest		gestum

So also *svanr*, 'swan,' *hvalr*, 'whale,' etc.

§ 17. Type IV.

staðr, 'place' is declined:

	N. sg.	staðr	plu.	staðir
	A.	stað		staði
	G.	staðar		staða
	D.	stað		stöðum

So also *hugr*, 'thought,' *salr*, 'hall,' *vinr*, 'friend' and many others.

Note. *bekkr*, 'bench' has G. sg. *bekks* or *bekkjar*; plu. G. *bekkja*, D. *bekkjum*. So also *beðr*, 'bed,' *serkr*, 'shirt' and many others.

§ 18. Type V.

fjörðr, 'loch' is declined:

	N. sg.	fjörðr	plu.	firðir
	A.	fjörð		fjörðu
	G.	fjarðar		fjarða
	D.	firði		fjörðum

So also *skjöldr*, 'shield,' *hjörtr*, 'stag,' etc.

Note 1. *vöndr*, 'rod' has sg. G. *vandar*, D. *vendi*; plu. *vendir* etc. So also *göltr*, 'boar,' *örn*, 'eagle' and many others.

Note 2. *sonr (sunr)*, 'son' has sg. G. *sonar*, D. *syni*; plu. *synir* etc.

Note 3. *áss*, 'god' has plu. N. *æsir*, G. *ása* etc.

Note 4. *fögnuðr*, 'joy' has sg. A. *fögnuð*, G. *fagnaðar*, D. *fagnaði*. So also other verbal abstracts of this form.

§ 19. TYPE VI.

bogi, 'bow' is declined:

	N. sg.	bogi	plu.	bogar
	A.	boga		boga
	G.	boga		boga
	D.	boga		bogum

This is the so-called 'Weak Declension.'

So also *gumi*, 'man,' *hani*, 'cock' and very many other nouns.

Note. *erfingi*, 'heir' has sg. A.G.D. *erfingja*; plu. N. *erfingjar* etc. So also *vili*, 'wish' etc.

§ 20. EXCEPTIONAL TYPES. In all of these the N.A. plu. are identical.

(a) *bóndi*, 'inhabitant,' 'commoner' is declined:

	N. sg.	bóndi	plu.	bœndr
	A.	bónda		bœndr
	G.	bónda		bónda
	D.	bónda		bóndum

So also *frændi*, 'relative,' plu. *frændr*, etc.; *fjándi*, 'enemy,' plu. *fjándr*, etc.; and pres. participles used as substantives e.g. *gefandi*, 'giver,' plu. *gefendr*.

(b) *faðir*, 'father' is declined:

	N. sg.	faðir	plu.	feðr
	A.	föður		feðr
	G.	föður		feðra
	D.	föður (feðr)		feðrum

So also *bróðir*, 'brother,' A. *bróður*; plu. N. *brœðr* etc.

(c) *fótr*, 'foot' is declined :

N. sg.	fótr	plu.	fœtr
A.	fót		fœtr
G.	fótar		fóta
D.	fœti		fótum

So also *fingr*, 'finger,' *vetr*, 'winter' (G. sg. *fingrar*, *vetrar*; N.A. plu. *fingr*, *vetr*): *nagl*, 'nail' has sg. G. *nagls*, D. *nagli*; N.A. plu. *negl*.

(d) *maðr*, 'man' is declined :

N. sg.	maðr	plu.	menn
A.	mann		menn
G.	manns		manna
D.	manni		mönnum

(e) *sær*, 'sea' shows much variation :

N.	sær,	sjór,	sjár
A.	sæ,	sjó,	sjá
G.	sævar,	sjóvar,	sjávar
D.	⎰ sævi,	sjóvi,	sjávi
	⎱ sæ	sjó,	sjá

FEMININE NOUNS

§ 21. TYPE I. Most strong feminines are of this type.

sorg, 'sorrow' is declined:

N.A. sg.	sorg	plu.	sorgir
G.	sorgar		sorga
D.	sorg		sorgum

Similarly are declined *tíð*, 'time,' *sótt*, 'sickness' etc.

Note 1. Some have -*u* in D. sg., e.g. *höll*, 'hall,' *sól*, 'sun,' D. sg. *höllu*, *sólu*.

Note 2. *öxl*, 'shoulder' has G. sg. *axlar*; plu. N.A. *axlir*, G. *axla*; so also *ðögn*, 'silence,' *höfn*, 'haven' and others.

§ 22. Type II. The sg. is declined as in Type I.

rún, 'rune' is declined:

N.A. sg.	rún	plu.	rúnar
G.	rúnar		rúna
D.	rún		rúnum

Similarly are declined *nál*, 'needle,' *brú*, 'bridge,' *Guðrún* etc.

Note 1. *gjöf*, 'gift' has G. sg. and N.A. plu. *gjafar*, G. plu. *gjafa.* So also *gjörð*, 'girdle,' *mön*, 'mane.'

Note 2. Fems. in *-ing*, *-ung* belong here and usually have *-u* in D. sg.; e.g. *dróttning*, 'queen,' D. sg. *dróttningu.* So also *ull*, 'wool,' *laug*, 'bath'; D. sg. *ullu*, *laugu.*

Note 3. *á*, 'river,' contracts, and is declined: sg. *á*, *á*, *ár*, *á*; plu. *ár*, *ár*, *á*, *ám.* So also *brá*, 'eyelid,' *spá*, 'prophecy.'

Note 4. *dögg*, 'dew,' *ör*, 'arrow' insert *v* before the ending in G. sg. and N.A.G. plu., e.g. N.A. plu. *döggvar*, *örvar.*

§ 23. Type III. These have a mutated vowel, or *-i-*, as their root-vowel.

ben, 'wound' is declined:

N.A. sg.	ben	plu.	benjar
G.	benjar		benja
D.	ben		benjum

Similarly *skyn*, 'reason,' *við*, 'withy.'

Note. Many of this type take *-ju* in the D. sg., e.g. *ey*, 'island,' *mær*, 'maid,' *Frigg*, 'Frigg'; D. sg. *eyju*, *meyju*, *Friggju.*

§ 24. Type IV.

Heiðr, 'heath' is declined:

N. sg.	heiðr	plu.	heiðar
A.	heiði		heiðar
G.	heiðar		heiða
D.	heiði		heiðum

So also *byrðr*, 'burden,' *öx*, 'axe' and many proper names, e.g. *Hildr*, *Gunnhildr*, *Auðr.*

Note. *brúðr*, 'bride,' *vættr*, 'creature' follow this type in the sg. and have plu. as nouns in Type I, e.g. N.A. plu. *brúðir*, *vættir.*

§ 25. Type V.

vík, 'bay' is declined:

N.A. sg.	vík	plu.	víkr
G.	víkar		víka
D.	vík		víkum

So also *eik*, 'oak', *greip*, 'grip.'

Note 1. *bót*, 'compensation,' *gás*, 'goose' are so declined but have *i*-mutated stem-vowels (§ 13) in N.A. plu., e.g. *bœtr, gæss* (from **gæsr* by § 11 (*a*)). *mörk*, 'mark' has G. sg. *merkr* and N.A. plu. *merkr*.

Note 2. *mörk*, 'forest,' *töng*, 'tongs' have G. sg. *merkr, tengr*, beside the normal forms *markar, tangar*.

Note 3. *hönd*, 'hand' has D. sg. *hendi*.

Note 4. *kýr*, 'cow,' *sýr*, 'sow' have A. sg. *kú, sú*; N.A. plu. *kýr, sýr*; *brún*, 'eyebrow' has N.A. plu. *brýnn* (see § 11 (*a*)).

§ 26. Type VI.

tunga, 'tongue' is declined:

N. sg.	tunga	plu.	tungur
A.	tungu		tungur
G.	tungu		tungna
D.	tungu		tungum

This is the so-called 'Weak Declension.'

So also *aska*, 'ash,' *vika*, 'week,' *gáta*, 'riddle,' *Sturla* (masc. name).

Note 1. Those with *-a-* as stem vowel have *-ö-* in all cases except the N. sg. and G. plu., e.g. *saga*, 'saga,' A.G.D. sg. *sögu*.

Note 2. *gyðja*, 'goddess' has G. plu. *gyðja*: so also all in *-ja* not preceded by *g* or *k*; e.g. *kirkja*, 'church,' G. plu. *kirkna*, but *brynja*, 'burnie,' G. plu. *brynja*.

Note 3. *kona* (<**kvena*), 'woman' has G. plu. *kvenna*; *völva*, 'sibyl' drops the *-v-* before *u*: A.G.D. sg. *völu*, N. plu. *völur*.

Note 4. *speki*, 'wisdom' is declined only in the sg. and is in all cases *speki*. So also *gleði*, 'joy,' *elli*, 'old age' and many abstract nouns. *lygi* 'falsehood' has, however, a plu. form *lygar*.

§ 27. Exceptional Type—VII.

dóttir, 'daughter' is declined as follows:

N. sg.	dóttir	plu.	dœtr
A.	dóttur		dœtr
G.	dóttur		dœtra
D.	dóttur		dœtrum

So also *móðir*, 'mother,' *systir*, 'sister': plu. *mœðr, systr*.

NEUTER NOUNS

§ 28. TYPE I.

orð, 'word' is declined as follows:

N.A. sg.	orð	plu.	orð
G.	orðs		orða
D.	orði		orðum

So also *skip*, 'ship', *borð*, 'board', *lið*, 'troop' and others.

Note 1. *land*, 'land,' *barn*, 'child,' etc. have *u*-mutated vowels in the N.A.D. plu., e.g. N. plu. *lönd, börn*.

Note 2. *högg*, 'stroke,' *mjöl*, 'flour' insert *v* before a vowel, e.g. D. sg. *höggvi, mjölvi*.

Note 3. *sumar*, 'summer,' *óðal*, 'patrimony,' *höfuð*, 'head' have D. sg. *sumri, óðli, höfði*, N.A. plu. *sumur, óðul, höfuð*.

Note 4. *bú*, 'estate,' *kné*, 'knee,' *tré*, 'tree' have G. plu. *búa, knjá, trjá* ; D. plu. *bú(u)m, knjóm (knjám), trjóm (trjám)*.

Note 5. *fé*, 'money' has G. sg. *fjár*, D. plu. *fjám*.

§ 29. TYPE II.

klæði, 'cloth' is declined :

N.A. sg.	klæði	plu.	klæðı
G.	klæðis		klæða
D.	klæði		klæðum

So also *erfiði*, 'toil,' *kvæði*, 'poem.'

Note 1. *men*, 'necklace,' *kyn*, 'race,' *egg*, 'egg,' *nes*, 'ness' have *-j-* in the G.D. plu., e.g. G. plu. *menja, kynja*, etc.

Note 2. Those ending in *-ki, -gi* have *-j-* in the G.D. plu., e.g. *ríki*, 'realm,' *engi*, 'meadow' : G. plu. *ríkja, engja*.

§ 30. TYPE III. The so-called 'Weak Declension.'

eyra, 'ear' is declined :

N.A. sg.	eyra	plu.	eyru
G.	eyra		eyrna
D.	eyra		eyrum

So also *auga*, 'eye.'

ADJECTIVES

§ 31. Adjectives have three genders and the same cases as the nouns.

§ 32. They have 'Strong' and 'Weak' forms. The weak form is used after the Definite Article and other demonstratives, e.g. *ungr maðr*, 'a young man,' but *enn ungi maðr*, 'the young man.'

§ 33. The adjective *ungr* 'young' has the following strong forms:

	MASC.	FEM.	NEUT.
N. sg.	ungr	ung	ungt
A.	ungan	unga	ungt
G.	ungs	ungrar	ungs
D.	ungum	ungri	ungu
N. plu.	ungir	ungar	ung
A.	unga	ungar	ung
G.		ungra	
D.		ungum	

G. ungra ⎫
D. ungum ⎭ in all genders

So also are declined *þungr*, 'heavy,' *sjúkr*, 'sick,' etc.

Note 1. Those with stem-vowel *-a-* have the *u*-mutated vowel *-ö-* in N. sg. fem., D. sg. masc. and neut., D. plu., N.A. plu. neut., e.g. *spakr*, 'wise' has D. plu. *spökum.*

Note 2.

   (*a*) It should be noticed that the *-r* in *ungr* is the inflexion; the root is *ung-*. In *fagr*, however, the *r* is radical. Hence the *r* of *fagr* makes its appearance in the other cases, e.g. N. sg. neut. *fagr-t*, D. plu. *fögr-um.*

   (*b*) Adjectives with final *-n*, *-r*, *-s* in the root preceded by a consonant have no inflexion (*-r*) in the N. sg. masc., e.g. *jafn*, 'even,' *digr*, 'thick,' *frjáls*, 'free'; cf. § 11 (*b*).

   (*c*) § 11 (*a*) applies to the inflexional *-r* in the N. sg. masc., G.D. sg. fem. and the G. plu., e.g. *væn-n*, 'fair,' G. plu. *vænna* (<*væn-ra); *heil-l*, 'hale,' G. sg. fem. *heillar* (<*heil-rar).

Note 3. Some stems insert *-j-* before *a* and *u*, e.g. *rík-r*, 'mighty,' A. sg. masc. *ríkjan*. Others insert *-v-* before a vowel, e.g. *gör-r*, 'ready,' *dökk-r*, 'dark'; A. sg. masc. *görvan*, *dökkvan.*

Note 4. The Neuter.

(a) The N.A. sg. neut. are formed by adding -t (-tt after a long vowel) to the stem, e.g. *ung-r*, neut. *ungt* ; *mjó-r*, 'thin,' neut. *mjó-tt*.

(b) Processes of assimilation and simplification give rise to the following:

1. Monosyllables in -ð, -dd, -tt form the neut. in -tt, e.g. *góð-r*, 'good,' neut. *gott* (*góð-t>*gótt*>*gott*).

2. In unaccented syllables, or if a cons. precedes, -tt becomes -t, e.g. *elskað-r*, 'beloved,' neut. *elskat*; *harðr*, 'hard,' neut. *hart* (*harð-t>*hartt>*hart*).

3. Dissyllables in -*inn* (frequently participial adjectives, e.g. *kominn*) and -*ill* have -*it* in the neut., e.g. *loðinn*, 'shaggy,' neut. *loðit*; *mikill*, 'great,' neut. *mikit*.

4. *sannr* (*saðr*), 'true' has neut. *satt*.

§ 34. § 12 applies to the declension of dissyllabic adjs. ending in -*l*, -*n*, -*r* (those in -*r* usually pret. participles), e.g. *lítill*, 'little,' *heiðinn*, 'heathen,' *auðigr*, 'wealthy,' are declined as follows in the masc.:

Long vowels are generally shortened before two consonants.

N. sg.	lítill	heiðinn	auðigr
A.	lítinn	heiðinn	auðgan
G.	lítils	heiðins	auðigrs
D.	litlum	heiðnum	auðgum
N. plu.	litlir	heiðnir	auðgir
A.	litla	heiðna	auðga
G.	lítilla	heiðinna	auðigra
D.	litlum	heiðnum	auðgum

§ 35. *Annarr*, 'other' is irregular and is declined as follows:

	MASC.	FEM.	NEUT.
N. sg.	annarr	önnur	annat
A.	annan	aðra	annat
G.	annars	annarrar	annars
D.	öðrum	annarri	öðru
N. plu.	aðrir	aðrar	önnur
A.	aðra	aðrar	önnur
G.		annarra ⎱ in all genders	
D.		öðrum ⎰	

§ 36. *Ungr*, 'young' has the following weak forms:

	MASC.	FEM.	NEUT.
N. plu.	ungi	unga	unga
A.	unga	ungu	unga
G.	unga	ungu	unga
D.	unga	ungu	unga
N.A.G. plu.		ungu	
D.		ungum	

So also *fagri, mikli* etc.

§ 37. *yngri*, 'younger' is declined as follows:

	MASC.	FEM.	NEUT.
N. sg.	yngri	yngri	yngra
A.	yngra	yngri	yngra
G.	yngra	yngri	yngra
D.	yngra	yngri	yngra
N.A.G. plu.		yngri	
D.		yngrum	

So also all comparative adjectives and pres. participles when used as adjectives, e.g. *betri*, 'better'; *brennandi*, 'burning,' D. plu. *brennöndum.*

§ 38. Agreement of nouns and adjectives and concord with the verb is always found, e.g. *á dögum Haralds hins hárfagra Noregskonungs,* 'in the days of Harald the Fairhaired, King of Norway.' *þaðan eru komnir þessir úlfar,* 'these wolves came from thence.'

COMPARISON OF ADJECTIVES.

§ 39. Adjectives form their comparatives in one of the following ways:

1. By adding *-ari* to the stem, e.g. *spak-r*, 'wise,' comp. *spakari*, 'wiser.'

2. By adding *-ri* to the stem together with *i*-mutation of the stem-vowel, e.g. *lang-r*, 'long,' comp. *lengri*; *lág-r*, 'low,' comp. *lægri*.

§40. Adjectives form their superlatives either

1. By adding *-astr* to the stem, e.g. *spak-r*, 'wise,' super. *spakastr*, 'wisest,' or

2. By adding *-str* to the stem together with *i*-mutation of the stem-vowel, e.g. *langr*, super. *lengstr*; *lágr*, super. *lægstr*.

§41. Certain of the rules enumerated under the Declension of Adjectives apply here also:

1. *fagr*, 'fair' has comp. *fegri* (< **fegr-ri*), super. *fegrstr*. See §33, Nt. 2 (*a*).

2. *heill*, 'hale' has comp. *heilli* (< **heil-ri*), super. *heilastr*. See §33, Nt. 2 (*c*).

3. *auðigr*, 'rich' has comp. *auðgari*, super. *auðgastr*. See §34.

4. *j* and *v*, lost from the stems of some adjs., reappear before *-ari* and *-astr*, but not before the endings *-ri,-str*, e.g. *nýr*, 'new,' comp. *nýri*, but super. *nýjastr*; *glöggr*, 'clear' comp. *glöggri* (or *glöggvari*), super. *glöggstr* (or *glöggvastr*). See §33, Nt. 3.

§42. The following adjectives have irregular comparison:

góðr, 'good'	comp. *betri*	super. *beztr*
illr, 'bad'	*verri*	*verstr*
lítill, 'little'	*minni*	*min(n)str*
mikill, 'great'	*meiri*	*mestr*
gamall, 'old'	*ellri*	*ellztr*
margr, 'many'	*fleiri*	*flestr*

§43. Some adjs. have their positive form supplied by an adverb or preposition, e.g.,

[*austr*, 'east']	comp. *eystri*	super. *austastr*
[*norðr*, 'north']	*nyrðri*	*nyrðstr*
	etc.	

ADVERBS

§44. Adverbs have the following various endings:

-a, e.g. *illa*, 'badly'

-an, e.g. *saman*, 'together' : *-i*, e.g. *lengi*, 'long'

-um, e.g. *löngum*, 'all along': *-s*, e.g. *alls*, 'in all'

-t, e.g. *hart*, 'swiftly' (the N.A. sg. neut. of the adj. *harðr*)

§45. Adverbs are compared by adding *-ar, -ast* to the stem, or by adding *-r, -st* and *i*-mutating the stem-vowel:

e.g. *opt,* 'oft'	comp. *optar*	super. *optast*
skamt, 'short'	*skemr*	*skemst*

The following have irregular comparison:

illa, 'badly'	comp. *verr*	super. *verst*
vel, 'well'	*betr*	*bezt*
mjök, 'very'	*meir(r)*	*mest*
lítt, 'little'	*minnr, miðr*	*min(n)st*

NUMERALS

	Cardinals	Ordinals	Distributives ('by one' etc.)
§46. 1.	einn, ein, eitt	fyrstr	einir
2.	tveir, tvær, tvau	annarr	tvennir
3.	þrír, þrjár, þrjú	þriði	þrennir
4.	fjórir, fjórar, fjogur	fjórði	fernir
5.	fimm	fimmti	
6.	sex	sétti	
7.	sjau	sjaundi	
8.	átta	átti	
9.	níu	níundi	
10.	tíu	tíundi	
11.	ellifu	ellifti	
12.	tólf	tólfti	
13.	þrettán	þrettándi	
14.	fjórtán	fjórtándi	
15.	fimmtán	fimmtándi	
16.	sextán	sextándi	
17.	sjautrán	sjautándi	
18.	átján	átjándi	
19.	nítján	nítjándi [tuttugasti)	
20.	tuttugu	tuttugandi (tuttugti,	
21.	einn ok tuttugu	tuttugandi ok fyrsti (*or* einn)	
30.	þrír ⎫		
40.	fjórir ⎬ tigir		
etc.	etc. ⎭		
100.	tíu tigir		
110.	ellifu tigir		
120.	hundrað		
1200.	þúsund		

§ 47. *einn*, 'one' is declined like other adjectives. It has a plural *einir, ein, einar*, with the meaning 'some.'

§ 48. *tveir* is declined as follows:

	MASC.	FEM.	NEUT.
N.	tveir	tvær	tvau
A.	tvá	tvær	tvau
G.		tveggja	
D.		tveim(r)	

§ 49. *þrír* is declined as follows:

	MASC.	FEM.	NEUT.
N.	þrír	þrjár	þrjú
A.	þrjá	þrjár	þrjú
G.		þriggja	
D.		þrim	

§ 50. *fjórir* is declined as follows:

	MASC.	FEM.	NEUT.
N.	fjórir	fjórar	fjogur
A.	fjóra	fjórar	fjogur
G.		fjogurra	
D.		fjórum	

§ 51. The other cardinals are indeclinable up to 30 (*þrír tigir*): in this combination *tigir* is declined regularly as a plu. strong masc., Type V, § 18, i.e. *tigir, tigu, tiga, tigum.*

§ 52. The ordinal *fyrstr* is declined both as a strong and weak adj. (§§ 33, 36); *annarr* is declined strong only; all the others are declined weak.

§ 53. *hundrað*, 120, is a strong neut.; *tvau hundruð* = 240; *hundruðum*, 'in hundreds.'

§ 54. *þúsund* is a strong fem. of Type I (§ 21): *þrjár þúsundir* = 3600.

§ 55. Both *hundrað* and *þúsund* govern the genitive: e.g. *þrjú hundruð vetra* = 360 years. *hundrað* usually has the value of the 'long hundred,' i.e. 120, and *þúsund* the value 1200.

PRONOUNS

§56. PERSONAL PRONOUNS.

Ek, 'I,' *þú*, 'thou' and the reflexive *sik*, 'oneself,' are declined as follows:

	1st Person	2nd Person	Reflexive
N. sg.	ek	þú	
A.	mik	þik	sik
G.	mín	þín	sín
D.	mér	þér	sér
N. dual	vit, 'we two'	it, þit, 'ye two'	
A.	okkr	ykkr	sik
G.	okkar	ykkar	sín
D.	okkr	ykkr	sér
N. plu.	vér, 'we'	ér, þér, 'ye'	
A.	oss	yðr	sik
G.	vár	yð(v)ar	sín
D.	oss	yðr	sér

Note 1. *sik* and *sér* are used in a strictly reflexive sense and refer back to the subject of the sentence: e.g. *lét hann marka sik geirsoddi*, 'he had himself marked with a spear-point' (5. 14).

Note 2. In poetry *ek*, *þú* are often found suffixed to the verb, e.g. *mæltak* for *mælta ek*, 'I spoke'; *gekktu*, 'thou didst go' (= *gekkt þú*). When used with the negative suffix *-a*, *ek* is sometimes added twice, e.g. *sá-k-a-k*, 'I did not see,' where the two *-k-*'s each represent *ek*.

§57. *Hann*, 'he,' *hon*, 'she,' *þat*, 'it' are declined:

	MASC.	FEM.	NEUT.
N. sg.	hann	hon	þat
A.	hann	hana	þat
G.	hans	hennar	þess
D.	honum	henni	því
N. plu.	þeir	þær	þau
A.	þá	þær	þau
G.		þeira	in all genders
D.		þeim	in all genders

Note. The plural pronoun is used collectively, e.g. *þeir Aðils konungr* (8. 13), 'King Aðils and his men': when the subj. refers to a man and woman the pron. is put into the neuter, e.g. *þau Raförta áttu son* (15. 3), 'Rafarta and he had a son.'

§ 58. POSSESSIVE PRONOUNS.

minn, 'my' is declined as follows:

	MASC.	FEM.	NEUT.
N. sg.	minn	mín	mitt
A.	minn	mína	mitt
G.	míns	minnar	míns
D.	mínum	minni	mínu
N. plu.	mínir	mínar	mín
A.	mína	mínar	mín
G.		minna	
D.		mínum	

in all genders

So also are declined: *þinn,* 'thy' and the reflexive *sinn,* 'his.'

Note. The N. sg. neut. of *minn, þinn, sinn* end in *-tt,* i.e. *mitt, þitt, sitt*: the orig. *i* is shortened before *nn, tt.*

§ 59. *várr, vár, várt,* 'our' is declined like a strong adjective. See § 33.

yðarr (earlier *yðvarr*), 'your' is declined as follows:

	MASC.	FEM.	NEUT.
N. sg.	yðarr	yður	yðart
A.	yðarn	yðra	yðart
G.	yðars	yðarrar	yðars
D.	yðrum	yðarri	yðru
N. plu.	yðrir	yðrar	yður
A.	yðra	yðrar	yður
G.		yðarra	
D.		yðrum	

in all genders

So also are declined *okkarr,* 'our two,' *ykkarr,* 'your two.'

§ 60. Demonstrative Pronouns.

sá, 'that' is declined:

	MASC.	FEM.	NEUT.
N. sg.	sá	sú	þat
A.	þann	þá	þat
G.	þess	þeirar	þess
D.	þeim	þeiri	því
N. plu.	þeir	þær	þau
A.	þá	þær	þau
G.		þeira	
D.		þeim	} in all genders

þessi, 'this' is declined:

	MASC.	FEM.	NEUT.
N. sg.	þessi	þessi	þetta
A.	þenna	þessa	þetta
G.	þessa	þessar	þessa
D.	þessum	þessi	þessu
N. plu.	þessir	þessar	þessi
A.	þessa	þessar	þessi
G.		þessa	
D.		þessum	} in all genders

Note. *hinn*, 'that' is declined like *minn*, § 58, but with the vowel short in all cases. *hinn* is also used (though not in the earliest texts) for the Def. Art. (equivalent to *enn*, cf. § 63). In this case it has N.A. sg. neut. *hit*.

§ 61. Relative Pronouns.

The usual relative pronoun is the indeclinable *er* (older *es*). *sá* is often used together with *er*. The relative and the antecedent are sometimes in different cases, e.g. *Vanir fengu þar í mót þann er spakastr var...* (4. 9).

Note 1. *sem* is sometimes used as a relative pronoun, e.g. *eptir þetta sem nú var getit*, 'after these events which have been related.'

Note 2. In poetry *es* is often combined with preceding demonstratives and the *e*- omitted, e.g. *sás* for *sá es*; *þats* for *þat es*.

§62. INTERROGATIVE PRONOUNS.

hvat, 'what?' has the following forms:

	MASC.	NEUT.
N. sg.		hvat
A.		hvat
G.	hvess	hvess
D.	hveim	hví

Note 1. The D. neut. *hví* is often used as an adverb = 'why?'

Note 2. *hvárr*, 'which of two?' is declined like a strong adjective: cf. *várr*, § 59.

hverr, 'which?', 'who?' is declined:

	MASC.	FEM.	NEUT.
N. sg.	hverr	hver	hvert
A.	hvern	hverja	hvert
G.	hvers	hverrar	hvers
D.	hverjum	hverri	hverju
N. plu.	hverir	hverjar	hver
A.	hverja	hverjar	hver
G.		hverra ⎱ in all genders	
D.		hverjum ⎰	

§63. THE DEFINITE ARTICLE.

The Def. Art. is *enn* (less frequently *inn*) in earlier, *hinn* in later texts (cf. § 60, Note); *enn* is declined as follows:

	MASC.	FEM.	NEUT.
N. sg.	enn	en	et
A.	enn	ena	et
G.	ens	ennar	ens
D.	enum	enni	enu
N. plu.	enir	enar	en
A.	ena	enar	en
G.		enna ⎱ in all genders	
D.		enum ⎰	

hinn is declined in the same way, cf. § 60, Note.

§ 64. When used with a noun the Def. Art. *inn* (*enn*) is suffixed and the following rules apply:

1. The forms of *inn* with one syllable drop the initial vowel *i-* after short unaccented vowels, e.g. *tunga-n*, 'the tongue,' but retain it after a long vowel, e.g. *á-in*, 'the river.'

2. The forms of *inn* with two syllables drop the initial *i-* in every case except the following:

   (*a*) after -*ar*, -*r* of the G. sg., e.g. *sorgar-innar*.

   (*b*) often after monosyllabic forms, especially in the A. sg. fem. (e.g. *sorg-ina*) and D. sg. masc. (e.g. *hlut-inum*).

3. The -*m* of the D. plu. of nouns is dropped before the suffixed -*num*.

armr, 'arm' (masc.), *sorg*, 'sorrow' (fem.), *orð*, 'word' (neut.) are declined as follows with the suffixed article:

	MASC.	FEM.	NEUT.
N. sg.	armr-inn	sorg-in	orð-it
A.	arm-inn	sorg-ina	orð-it
G.	arms-ins	sorgar-innar	orðs-ins
D.	armi-num	sorg-inni	orði-nu
N. plu.	armar-nir	sorgir-nar	orð-in
A.	arma-na	sorgir-nar	orð-in
G.	arma-nna	sorga-nna	orða-nna
D.	örmu-num	sorgu-num	orðu-num

Weak nouns with the suffixed article are similarly declined: e.g. *bogi*, 'bow' (masc.), *tunga*, 'tongue' (fem.), *eyra*, 'ear' (neut.) are declined as follows:

	MASC.	FEM.	NEUT.
N. sg.	bogi-nn	tunga-n	eyra-t
A.	boga-nn	tungu-na	eyra-t
G.	boga-ns	tungu-nnar	eyra-ns
D.	boga-num	tungu-nni	eyra-nu
N. plu.	bogar-nir	tungur-nar	eyru-n
A.	boga-na	tungur-nar	eyru-n
G.	boga-nna	tungna-nna	eyrna-nna
D.	bogu-num	tungu-num	eyru-num

Note. *sá* is often used with the Def. Art. *enn (hinn)* before or after the noun, e.g. *sá enn góði maðr*, 'that good man'; *fjölmenni þat hit mikla*, 'that great crowd of people.'

§ 65. INDEFINITE PRONOUNS, ETC.

(a) The indefinite pronouns are:

einn, 'one' (see § 47); *einn-hverr*, 'some one'; *nökkurr* (*nakkvarr*), 'some,' 'a certain'; *sumr*, 'one,' 'a,' 'some'; *hvergi*, 'each,' 'everyone.'

(b) 'Alternative' pronouns, etc.:

annarr, 'the other'; *annarrhvárr*, 'either' (of two); *annarrhverr*, 'every other'; *annarrtveggja*, 'one or other of two'; *hvárrtveggja*, 'each of two, both'; *báðir*, 'both.'

(c) 'Negative' pronouns:

engi, 'none,' 'no'; *hvárgi* (neut. *hvárki, hvártki*), 'neither' (of two).

The declension of these pronouns is as follows:

(a) 1. *einn* is declined like *minn* (§ 58).

2. *einn-hverr* has fem. *einhver*, neut. *eitthvert* in the N., in the other cases *ein-* is retained throughout and *-hverr* declined as in § 62.

3. *nökkurr* (*nakkvarr*) is declined as follows:

	MASC.	FEM.	NEUT.
Sg. N.	nökkurr (nakkvarr)	nökkur	nökkut (nakkva(r)t)
A.	nökkurn (nakkvarn)	nökkura (nakkvara)	nökkut (nakkva(r)t)
G.	nökkurs (nakkvars)	nökkurrar (nakkvarrar)	nökkurs (nakkvars)
D.	nökkurum	nökkurri (nakkvarri)	nökkuru
Pl. N.	nökkurir (nakkvarir)	nökkurar (nakkvarar)	nökkur
A.	nökkura (nakkvara)	nökkurar (nakkvarar)	nökkur
G.		nökkurra (nakkvarra)	
D.		nökkurum	

Note. *nakkvarr* etc. are the older forms.

In *hvárgi* and *hvergi* the first elements, *hvár(r)* and *hver(r)*, are declined, and the particle *-gi* suffixed to all cases. See § 62.

The later forms *hvárigr and hverigr* are declined as regular adjs.

(*b*) 1. For the declension of *annarr* see § 52.

2. Both elements of the compounds *annarr-hvárr*, *annarr-hverr* are declined (e.g. D. sg. neut. *öðru-hváru, öðru-hverju*).

3. The first element only of *annarr-tveggja* and *hvárr-tveggja* is declined.

4. *báðir* is declined as follows:

	MASC.	FEM.	NEUT.
N.	báðir	báðar	bæði
A.	báða	báðar	bæði
G.	beggja		
D.	báðum		in all genders

(*c*) *engi* is declined as follows:

	MASC.	FEM.	NEUT.
N. sg.	engi	engi	ekki
A.	engan (öngvan)	enga (öngva)	ekki
G.	engis, enskis	engrar	engis, enskis
D.	engum	engri	engu

THE VERB

§ 66. As in Anglo-Saxon and the other early Teutonic languages there are two tenses, Present and Preterite; three moods, Indicative, Subjunctive (Conjunctive, Optative) and Imperative; an Infinitive and two Participles, Present (Act.) and Past (Pass.).

Note (*a*). The Future is expressed by *skal* (cf. § 87) with the Infin., or by the Present.

Note (*b*). The Past Definite is expressed by *hafa*, 'to have' with the N.A. sg. neut. of the Past Part. or (in intransitive verbs only) by *vera*, 'to be' with the N. of the Past Part., which agrees in gender and number with the subject of the sentence.

Note (*c*). The Passive is expressed by *vera*, 'to be' or *verða*, 'to become' with the Past Part.

Note (*d*). Sentences composed of a verb and an object without a subject are of frequent occurrence. In such impersonal expressions the object is put into:

1. The Accusative Case: e.g. *skipit* (acc.) *braut í spán*, 'the ship was broken to pieces'; *konung* (acc.) *dreymdi aldri*, 'the king never had a dream.'

2. The Dative Case: e.g. *her lýkr sögu þessi* (dat.), 'here this saga ends.'

Note (*e*). The historical present is frequently used to give vividness to the narrative—often alternating abruptly with the usual preterite. (See Extr. 23.)

Note (*f*). Direct speech is often introduced very abruptly after indirect speech (see Extr. 23); it is also used when the noun clause is introduced by *at*, 'that,' and would normally be put into indirect speech.

§ 67. The conjugation of *vera*, 'to be' is as follows:

INDIC.	Pres. sg.	1 em	plu.	erum
		2 ert		eruð
		3 er		eru
	Pret. sg.	1 var	plu.	várum
		2 vart		váruð
		3 var		váru
SUBJ.	Pres. sg.	1 sjá, sé	plu.	sém
		2 sér		séð
		3 sé		sé
	Pret. sg.	1 væra	plu.	værim
		2 værir		væcrið
		3 væri		væri

Imper. 2 sg. ver; plu. verið.

Part. Pres. verandi; Past neut. verit.

Note. In poetry the following forms are used: Indic. Pres. 2 sg. *est*, 3 sg. *es*; Pret. 1, 3 sg. *vas*, 2 sg. *vast*; Imper. *ves*; Infin. *vesa*.

§ 68. *hafa*, 'to have' is conjugated as follows:

INDIC.	Pres. sg.	1 hefi	plu.	höfum
		2 hefir		hafið
		3 hefir		hafa
	Pret. sg.	1 hafða	plu.	höfðum
		2 hafðir		höfðuð
		3 hafði		höfðu

Subj. Pres. sg.	1 hafa	plu. hafim
	2 hafir	hafið
	3 hafi	hafi
Pret. sg.	1 hefða	plu. hefðim
	2 hefðir	hefðið
	3 hefði	hefði

Imper. 2 sg. haf; plu. 1 höfum, 2 hafið.

Part. Pres. hafandi; Past hafðr (haft, hafat, neut.).

§ 69. *segja*, ' to say ' is conjugated as follows:

Indic. Pres. sg.	1 segi	plu. segjum
	2 segir	segið
	3 segir	segja
Pret. sg.	1 sagða	plu. sögðum
	2 sagðir	sögðuð
	3 sagði	sögðu
Subj. Pres. sg.	1 segja	plu. segim
	2 segir	segið
	3 segi	segi
Pret. sg.	1 segða	plu. segðim
	2 segðir	segðið
	3 segði	segði

Imper. 2 sg. seg; plu. 1 segjum, 2 segið.

Part. Pres. segjandi; Past sagðr (sagt, neut.).

§ 70. Most other verbs have in addition to the Active forms a ' Middle ' Voice which is formed by contraction of the Active forms with following enclitic pronouns. In use the Middle Voice is reflexive, direct or indirect or intransitive—corresponding in general to the French reflexive. In many verbs, however, it has developed special idiomatic uses.

Note. In poetry these contracted forms are not necessarily used in a middle or reflexive sense—the suffix may refer to a different person from the subject of the sentence, e.g. *verpumk*, 'thou hittest me.'

§ 71. As in the other Teutonic languages verbs are commonly divided into three classes, (*a*) 'Strong,' (*b*) 'Weak,' (*c*) 'Strong-Weak' or 'Preterite-Present.'

(a) In STRONG VERBS the Pret. is distinguished from the Present by different stem-vowels. The Past Part. ends in (N. sg. masc.) -*inn.*

(b) In WEAK VERBS the Pret. is formed by a suffix (usually -ð-). The Past Part. ends in (N. sg. masc.) -ðr.

(c) In PRET.-PRESENTS the Present is conjugated like a Strong Preterite, the Pret. like a Weak Pret. The Past Part., where it occurs, is of the 'weak' type.

§ 72. In conjugation the following rules will be found useful:

(a) The Infin. and the 3 plu. Pres. Indic. are identical.

(b) In the Pres. Indic. (both Active and Middle) the 2, 3 sg. are identical.
The Active ending -*r* undergoes the same changes as in the nouns (cf. § 11 (a)).

(c) In the 2 plu. Mid. -*zk* appears for -ðsk, e.g. *nemizk* for *nemiðsk*, and in the Past Part. Mid. -*zk* for -*tsk*, e.g. *numizk* for *numitsk*.

(d) When the 2 plu. Act. is followed by its subject (the 2 plu. pronoun) *gefi þér* is usually written for *gefið (þ)ér*— and so with all verbs.

(e) In the earliest texts the Mid. suffix is in the 1 sg. -*umk*, in all other persons -*sk*, though -*s*- is often lost in the 1 plu.

(f) In later texts -*z* takes the place of -*sk* (-*umz* in 1 sg. and 1 plu.): still later -*st* is used.

In the passages contained in this book the forms in -*st* are those which occur most frequently; but -*z* is used in many passages. Examples of -(*s*)*k* will be found in No. 40, in which an archaic form of language has been restored.

§ 73. Conjugation of a typical Strong Verb: *nema,* 'to take.'
Active Voice.

INDIC. Pres. sg.	1 nem		plu.	nemum
	2 nemr			nemið
	3 nemr			nema

INDIC. Pret. sg. 1 nam   plu. námum
              2 namt   námuð
              3 nam   námu

Imperative 2 sg. nem; plu. 1 nemum, 2 nemið.

Pres. Part. nemandi; Past Part. numinn.

SUBJ. Pres. sg. 1 nema   plu. nemim
             2 nemir   nemið
             3 nemi   nemi

    Pret. sg. 1 næma   plu. næmim
             2 næmir   næmið
             3 næmi   næmi

Middle Voice.

Infin. nemask, nemaz, nemast.

INDIC. Pres. sg. 1 nemumk   nemumz   nemumst
             2 nemsk   nemz   nemst
             3 nemsk   nemz   nemst

       plu. 1 nemum(s)k   nemumz   nemumst
             2 nemizk   nemiz   nemizt
             3 nemask   nemaz   nemast

    Pret. sg. 1 námumk   námumz   námumst
             2 namzk   namz   namzt
             3 namsk   namz   namst

       plu. 1 námum(s)k   námumz   námumst
             2 námuzk   námuz   námuzt
             3 námusk   námuz   námust

IMPER.   sg. 2 nemsk   nemz   nemst
       plu. 1 nemum(s)k   nemumz   nemumst
             2 nemizk   nemiz   nemizt

SUBJ.   Pres. sg. 1 nemum-k, -z,-st plu. nemim-(s)k, -z,-st
                2 nemi-sk, -z, -st   nemi-zk, -z, -zt
                3 nemi-sk, -z, -st   nemi-sk, -z, -st

     Pret. sg. 1 næmum-k,-z,-st plu. næmim-(s)k,-z,-st
                2 næmi-sk, -z, -st   næmi-zk, -z, -zt
                3 næmi-sk, -z, -st   næmi-sk, -z, -st

Past Part. (N.A. sg. neut.) numizk, numiz, numizt.

The reader need not be greatly troubled about the inflexions of the Middle Voice. For practical purposes they may be regarded (except in the 1 sg.) as formed by the addition of *-z* or *-st* to the corresponding Active forms—final *-r* being ignored. It is to be remembered that $z = ts$; but *s* and *z* are not always clearly distinguished, especially before *t*. The form of the 3 sg. is sometimes used for the 1 sg.

§ 74. The following rules should be observed :

(*a*) Strong Verbs which have *a, o, á, ó, au* in the Infin. have *e, ö, æ, œ* (later *æ*), *ey* respectively in the sg. of the Pres. Indic. (cf. § 6, 1), and those which have *ú, jó*, or *jú* in the Infin. have *ý* in the sg. of the Pres. Indic. The Pres. Subj., the Imper., the Pres. Part., and the plu. Pres. Indic. have the same vowel as the Infinitive.

(*b*) When the plu. of the Pret. Indic. has *á* or *ó* the Pret. Subj. has *æ* or *œ* (later *æ*) respectively. When the former has *u* or *o* the latter has *y*.

(*c*) In the 2 sg. Pret. Indic. *-t* is doubled after a long vowel, e.g. 1, 3 sg. *sá*, 'saw,' 2 sg. *sátt*. When the 1, 3 sg. end in *ð* or *t* the 2 sg. has *zt*, e.g. 1, 3 sg. *bauð*, 2 sg. *bauzt*; 1, 3 sg. *lét*, 2 sg. *lézt*.

(*d*) When the Infin. ends in *-nga, -nda* or *-lda* the 2 sg. Imper. and the 1, 3 sg. Pret. Indic. end in *-kk, -tt*, or *-lt* respectively, e.g.

springa;	Imper. *sprikk*,	Pret. *sprakk*
binda;	Imper. *bitt*,	Pret. *batt*
halda;	Imper. *halt*,	Pret. *helt*

(*e*) The 1 sg. Pret. Indic. Mid. has the same vowel as the plu.

§ 75. As in all early Teutonic languages there is a variation of vowels between the Pres., the Pret. sg., the Pret. plu., and the Past Part., which dates from the most remote times. Strong verbs are classified according to the vowels of these 'Principal Parts.' The 3 sg. Pres. Indic. is added here for convenience.

STRONG VERBS.

§76. TYPE I.

Infin.	3 sg. Pres.	1, 3 sg. Pret.	3 plu. Pret.	Past Part.
-í-	-í-	-ei-	-i-	-i-
ríða, 'ride'	ríðr	reið	riðu	riðinn

So also bíta, 'bite,' líða, 'travel,' stíga, 'climb.'

§77. TYPE II.

-jó-, -jú-, -ú-	-ý-	-au-	-u-	-o-
bjóða, 'offer'	býðr	bauð	buðu	boðinn
ljúga, 'tell lies'	lýgr	laug, ló	lugu	loginn
lúka, 'close'	lýkr	lauk	luku	lokinn

So also kjósa, 'choose,' drjúpa, 'drip,' lúta, 'bend.'

§78. TYPE III.

-e-, -i-	-e-, -i-	-a-	-u-	-o-, -u-
bresta, 'burst'	brestr	brastr	brustu	brostinn
springa, 'burst'	springr	sprakk	sprungu	sprunginn

So also drekka, 'drink,' gjalda, 'pay' [Pret. galt, guldu].

Note. Any verb of this class (except those in -va) whose stem-vowel followed by n, g, or k has -u- for -o- in the Past Part.

§79. TYPE IV.

-e-	-e-	-a-	-á-	-o-
bera, 'carry'	berr	bar	báru	borinn

So also skera, 'cut,' stela, 'steal,' fela, 'hide,' etc.

§80. TYPE V.

-e-	-e-	-a-	-á-	-e-
kveða, 'say'	kveðr	kvað	kváðu	kveðinn

So also gefa, 'give,' geta, 'get,' drepa, 'kill,' reka, 'drive.'

§81. TYPE VI.

-a-	-e-	-ó-	-ó-	-a-
fara, 'go'	ferr	fór	fóru	farinn

So also gala, 'sing,' grafa, 'dig.'

WEAK VERBS.

§ 82. There are four types of conjugation of Weak Verbs.

TYPE I.

Verbs of this class have trisyllabic preterites.

kalla, ' call ' has the following principal parts :

Infin.	3 sg. Pres.	3 sg. Pret.	3 plu. Pret.	Past Part.
kalla	kallar	kallaði	köllu𐍈u	kallaðr

It is conjugated as follows :

Active Voice.

INDIC. Pres. sg.　1 kalla　　　plu. köllum
　　　　　　　　2 kallar　　　　　kallið
　　　　　　　　3 kallar　　　　　kalla

Pret. sg.　1 kallaða　　plu. köllu𐍈um
　　　　　2 kallaðir　　　　köllu𐍈uð
　　　　　3 kallaði　　　　köllu𐍈u

Imper. sg. 2 kalla; plu. 1 köllum, 2 kallið.

Pres. Part. kallandi ; Past Part. kallaðr (neut. kallat).

SUBJ. Pres. sg.　1 kalla　　　plu. kallim
　　　　　　　　2 kallir　　　　　kallið
　　　　　　　　3 kalli　　　　　kalli

Pret. sg.　1 kallaða　　plu. kallaðim
　　　　　2 kallaðir　　　　kallaðið
　　　　　3 kallaði　　　　kallaði

Middle Voice.

INFIN. kallaz, kallast

INDIC. Pres. sg.　1 köllum-z, -st　plu. köllum-z, -st
　　　　　　　　2 kalla-z, -st　　　　kalli-z, -zt
　　　　　　　　3 kalla-z, -st　　　　kalla-z, -st

The other inflexions are similarly formed by adding *-z* or *-st* to the Active endings (as shown on p. 34)—except 1 sg. Indic. Pret. *kölluðum-z, -st*; Subj. Pres. *köllum-z, -st*; Pret. *kölluðum-z, -st*.

The earliest texts have forms in *-(s)k* similar to those given on p. 34.

So also *harðna,* 'grow hard,' *blóðga,* 'make bleed,' *minka* 'diminish,' *heilsa,* ' greet.'

§83. Type II.

Verbs of this type have mutated stem-vowels (*e, ey, ý, æ, œ*), and include many transitive verbs formed from strong intransitive verbs, e.g. *græta*, 'to make weep' from *gráta*, 'to weep.'

keyra, 'drive' has the following principal parts:

keyra   keyrir   keyrði   keyrðu   keyrðr

It is conjugated as follows:

Active Voice.

			sg.		plu.	
Indic.	Pres.	sg. 1	keyri	plu.	keyrum	
		2	keyrir		keyrið	
		3	keyrir		keyra	
	Pret.	sg. 1	keyrða	plu.	keyrðum	
		2	keyrðir		keyrðuð	
		3	keyrði		keyrðu	

Imper. sg. 2 keyr; plu. 1 keyrum, 2 keyrið.

Pres. Part. keyrandi; Past Part. keyrðr.

Subj.	Pres.	sg. 1	keyra	plu.	keyrim	
		2	keyrir		keyrið	
		3	keyri		keyri	
	Pret.	sg. 1	keyrða	plu.	keyrðim	
		2	keyrðir		keyrðið	
		3	keyrði		keyrði	

Middle Voice.

Infin. keyraz, keyrast.

Indic.	Pres. sg. 1	keyrum-z, -st	plu.	keyrum-z, -st	
	2	keyri-z, -st		keyri-z, -zt	
	3	keyri-z, -st		keyra-z, -st	

The other inflexions are similarly formed by adding *-z* or *-st* to the Active endings (as shown on p. 34)—except 1 sg. Indic. Pret. *keyrðum-z, -st*; Subj. Pres. *keyrum-z, -st*; Pret. *keyrðum-z, -st*.

The earliest texts have forms in *-(s)k* similar to those given on p. 34.

So also *brenna*, 'burn,' *dreyma*, 'dream,' *knýta*, 'knit,' *mæla*, 'speak,' *dœma*, 'judge,' *hleypa*, 'to cause to leap' (from *hlaupa*).

Note. The following rules are observed in the formation of the Pret. and Past Part.:

(a) 1. When a double cons. follows the stem-vowel then one cons. is dropped before adding the ending, e.g. *spenna*, 'to clasp,' 1 Pret. sg. *spenta*, P. Part. *spentr*.

2. When two cons. follow the stem-vowel and the second is ð, *d* or *t* then the inflexional -ð- is dropped, e.g. *svipta*, 'to strip,' Pret. *svipta*, P. Part. *sviptr*; *gerða*, 'to fence,' Pret. *gerða*, P. Part. *gerðr*.

3. If the second cons. is not ð, *d* or *t* then the full inflexion is added, e.g. *kemba*, 'to comb,' Pret. *kembða*, P. Part. *kembðr*; *skelfa*, 'to frighten,' Pret. *skelfða*, P. Part. *skelfðr*.

(b) Assimilation changes the -ða, -ðr of the Pret. and Past Part.:

1. Verbs in -ða have Pret. in -dda, P. Part. in -ddr, e.g. *eyða*, 'to waste,' Pret. *eydda*, P. Part. *eyddr*.

2. Verbs in -la, -na after a long syll. usually have Pret. in -da, P. Part. in -dr, e.g. *kenna*, 'to know,' Pret. *kenda*, P. Part. *kendr*; *mæla*, 'to measure,' Pret. *mælda*, P. Part. *mældr*. Some with these endings have -ta and -tr (see No. 3 below).

3. Verbs in -ta have Pret. in -tta, P. Part. in -ttr: those in -sa have Pret. in -sta, P. Part. in -str, e.g. *veita*, 'to grant,' *veitta*, *veittr*; *leysa*, 'to loosen,' *leysta*, *leystr*. Some verbs in -la, -na also have endings in -ta, -tr, e.g. *spenna*, 'to clasp' (cf. (a) 1); *spilla*, 'to spoil,' Pret. *spilta*, P. Part. *spiltr*.

4. Often those having -ð- in early texts have -d- or -t- in later times.

(c) Verbs with Infin. in -ja insert -j- before -a and -u in conjugation e.g. *byggja*, 'to settle,' 1 plu. Pres. Indic. *byggjum*.

§ 84. TYPE III.

Verbs of this type have the following characteristics:

(a) Infin. with mutated stem-vowel and ending in -ja.

(b) The original un-mutated vowel in Pret. and Past Part.

(c) Monosyllabic Pres. Indic. sg.

krefja, 'demand'	krefr	krafði	kröfðu	kraf(i)ðr
spyrja, 'ask'	spyrr	spurði	spurðu	spurðr (spurt)
skilja, 'divide'	skilr	skildi	skildu	skil(i)ðr (skildr)
knýja, 'knock'	knýr	knýði (knúði)	knýðu (knúðu)	knýðr (knúðr)

So also *leggja*, 'lay,' *flytja*, 'remove.' Conjugation follows Type II.

Note 1. In the oldest texts the Past Part. ends in -iðr: in later times occurs the form in -inn, formed on the analogy of strong verbs.

Note 2. The -j- of the Infin. is retained before u and a, e.g. *svefja*, 'sooth,' 1 plu. Pres. Indic. *svefjum*, Pres. Part. *svefjandi*.

§85. TYPE IV.

Verbs of this type are conjugated like those of Type II. Usually the imperative (given below) ends in -*i* : the Past Part. in -*aðr (-ðr)*.

duga, 'help'	dugi	dugir	dugði	dugðu	dugaðr
vaka, 'watch'	vaki	vakir	vakði(-ti)	vökðu (-tu)	vakaðr
ná, 'attain'	nái	náir	náði	náðu	náðr

So also *skorta*, 'to be wanting,' *þola*, 'endure,' *þora*, 'dare, *lifa*, 'live.'

Note 1. The Past Part. is most often found in the neut., e.g. *dugat, vakat*, etc.

Note 2. The stem-vowel of the Pret. Subj. is formed by *i*-mutating the vowel of the Infinitive, e.g. *duga*, 3 sg. Pret. Subj. *dygði*.

Note 3. *lifa* has Imper. *lif*.

§86. The following is an alphabetical list of verbs, strong and weak, which show irregularity in their conjugation. The type they resemble is indicated in brackets after the Infin. (R = Reduplicating Verbs[1]). Weak verbs are printed in italics.

auka, 'increase' [R]	eykr	jók	jóku	aukinn
bíða, 'wait' [I]	bíðr	beið	biðu	beðinn
biðja, 'ask' [V]	biðr[2]	bað	báðu	beðinn
binda, 'bind' [III]	bindr	batt	bundu	bundinn
blóta, 'sacrifice' [R]	blœtr	blét	blétu	blótinn
bregða, 'pull' [III]	bregðr	brá	brugðu	brugðinn
brenna, 'burn' [III]	brennr[2]	brann	brunnu	brunninn
búa, 'dwell' [R]	býr	bjó	bjoggu (bjuggu)	búinn
deyja, 'die' [VI]	deyr[2]	dó	dó	dáinn
draga, 'drag' [VI]	dregr	dró	drógu	dreginn
eggja, 'incite' [I]	*eggjar*	*eggjaði*	*eggjuðu*	*eggjaðr*
eta, 'eat' [V]	etr	át	átu	etinn
fá, 'get' [R]	fær	fekk	fengu	fenginn
fá, 'paint' [I]	*fár*	*fáði*	*fáðu*	*fáðr*
falla, 'fall' [R]	fellr	fell	fellu	fallinn
fela, 'hide' [IV]	felr	fal	fálu	fólginn

[1] These can be considered as forming a seventh class of strong verbs: the stem-vowel of the Infin. is the same as that of the Past Part., and that of the Pret. the same in both sg. and plu.

[2] Conjugated weak.

finna, 'find' [III]	finnr	fann	fundu	fundinn
flá, 'flay' [VI]	flær	fló	flógu	fleginn
fljúga, 'fly' [II]	flýgr	fló (flaug) flugu		floginn
fregna, 'ask' [V]	fregn	frá	frágu	freginn
frjósa, 'freeze' [II]	frýss	fraus	frusu	frosinn
		(fröri¹)	(fröru¹)	(frörinn)
ganga, 'go' [R]	gengr	gekk	gengu	genginn
göra gera }, 'make' [II]	görir gerir	görði gerði	görðu gerðu	görr (adj.) gerr (adj.)
gróa, 'grow' [R]	grœr	gröri¹	gröru¹	gróinn
halda, 'hold' [R]	heldr	helt	heldu	haldinn
hefja, 'lift' [VI]	hefr¹	hóf	hófu	hafinn
heita, 'call' [R]	heitr	hét	hétu	heitinn
hlæja, 'laugh' [VI]	hlær¹	hló	hlógu	hleginn
hlaupa, 'leap' [R]	hleypr	hljóp	hljópu	hlaupinn
höggva, 'hew' [R]	höggr	hjó	hjoggu	högg(v)inn
hrökkva, 'recoil' [III]	hrökkr	hrökk	hrukku	hrokkinn
kaupa, 'buy' [IV]	*kaupir*	*keypti*	*keyptu*	*keyptr*
kjósa, 'choose' [II]	kýss	kaus	kusu	kosinn
		(köri¹)	(kuru¹)	(korinn)
koma, 'come' [IV]	kömr (kemr)	kom	kómu	kominn
láta, 'let' [R]	lætr	lét	létu	látinn
liggja, 'lie' [V]	liggr¹	lá	lágu	leginn
nema, 'take' [IV]	nemr	nam	námu	numinn
ráða, 'advise' [R]	ræðr	réð	réðu	ráðinn
renna, 'run' [III]	rennr¹	rann	runnu	runninn
róa, 'row' [R]	rœr	röri¹	röru¹	róinn
sá, 'sow' [R]	sær	söri¹	söru¹	sáinn
segja, 'say' [IV]	*segir*	*sagði*	*sögðu*	*sagðr*
selja, 'sell' [III]	*selr*	*seldi*	*seldu*	*seldr*
setja, 'set' [III]	*setr*	*setti*	*settu*	*settr*
sitja, 'sit' [V]	sitr¹	sat	sátu	setinn
sjá, 'see' [V]	sér	sá	sá	sénn
skjálfa, 'shake' [III]	skelfr	skalf	skulfu	skolfinn
slá, 'slay' [VI]	slær	sló	slógu	sleginn
snúa, 'twist' [R]	snýr	snöri¹	snöru¹	snú n

¹ Conjugated weak.

GRAMMAR

sofa, 'sleep' [IV]	söfr (sefr)	svaf	sváfu	sofinn
sökkva, 'sink' [III]	sökkr	sökk	sukku	sokkinn
springa, 'burst' [III]	springr	sprakk	sprungu	sprunginn
spá, 'prophesy' [I]	spár	spáði	spáðu	spáðr
standa, 'stand' [VI]	stendr	stóð	stóðu	staðinn
svelga, 'swallow' [III]	svelgr	svalg	sulgu	sólginn
sœkja, 'seek' [III]	sœkir	sótti	sóttu	sóttr
vaða, 'wade' [VI]	veðr	óð	óðu	vaðinn
vaxa, 'grow' [VI]	vex	óx	óxu	vaxinn
vefa, 'weave' [IV]	vefr	vaf (óf)	váfu (ófu)	ofinn
vega, 'fight' [V]	vegr	vá	vágu	veginn
verða, 'become' [III]	verðr	varð	urðu	orðinn
yrkja, 'work' [III]	yrkir	orti	ortu	ortr
þegja, 'be silent' [IV]	þegir	þagði	þögðu	þagat
þiggja, 'receive' [V]	þiggr	þá	þágu	þeginn
þvá, 'wash' [VI]	þvær	þó	þógu	þveginn
þykkja, 'seem' [III]	þykkir	þótti	þóttu	þóttr

§ 87. PRETERITE-PRESENT VERBS. See § 71 (c).

The nine verbs of this type are *eiga*, 'to possess,' *mega*, 'to be able,' *skulu*, 'shall,' *kunna*, 'to know,' *munu*, 'will,' *muna*, 'to remember,' *þurfa*, 'to need,' *unna*, 'to love,' *vita*, 'to know.' They are conjugated as follows:

			eiga	*mega*	*skulu*
Infin.					
INDIC.	Pres.	sg. 1	á	má	skal
		2	átt	mátt	skalt
		3	á	má	skal
	plu.	1	eigum	megum	skulum
		2	eiguð	meguð	skuluð
		3	eigu	megu	skulu
	Pret.	sg. 1	átta[1]	mátta[1]	skylda[1]

[1] Conjugated as regular weak verbs.

SUBJ.	Pres. sg.	1	eiga[1]	mega[1]	skula[1]
	Pret. sg.	1	ætta[1]	mætta[1]	skylda[1]
Part.	Pres.		eigandi	megandi	
	Past neut.		átt	mátt	
Pret.	Infin.				skyldu

			Infin. kunna	munu	muna
INDIC.	Pres. sg.	1	kann	mun	man
		2	kannt	munt	mant
		3	kann	mun	man
	plu.	1	kunnum	munum	munum
		2	kunnuð	munuð	munið
		3	kunnu	munu	muna
	Pret. sg.	1	kunna[1]	munda[1]	munda[1]
SUBJ.	Pres. sg.	1	kunna[1]	muna[1] (myna)	muna[1]
	Pret. sg.	1	kynna[1]	mynda[1]	mynda[1]
Part.	Pres.		kunnandi		munandi
	Past nt.		kunnat		munat
Pret.	Infin.			mundu	

			Infin. þurfa	unna	vita
INDIC.	Pres. sg.	1	þarf	ann	veit
		2	þarft	annt	veizt
		3	þarf	ann	veit
	plu.	1	þurfum	unnum	vitum
		2	þurfuð	unnið	vituð
		3	þurfu	unna	vitu
	Pret. sg.	1	þurfta[1]	unna[1]	vissa[1]
SUBJ.	Pres. sg.	1	þurfa[1]	unna[1]	vita[1]
	Pret. sg.	1	þyrfta[1]	ynna[1]	vissa[1]
Part.	Pres.		þurfandi	unnandi	vitandi
	Past nt.		þurft	unn(a)t	vitat

Note 1. *munu*, 'will' is often used as an auxiliary verb to form the future, e.g. *ek mun kalla*, 'I will call.' It is also used to denote what is probable or almost certain, e.g. *þú munt vera feigr maðr*, 'you are surely a doomed man.' In past tenses it has the sense of 'would' (e.g. *mundak gefa þér*, 'I would give it thee') and of 'must.'

Note 2. In most of these verbs the Imperative is rarely or never used.

[1] Conjugated as regular weak verbs.

§ 88. *vilja,* 'will' is conjugated as follows:

INDIC. Pres. sg. 1 vil   plu. viljum
                   2 vill (vilt)   viliŏ
                   3 vill   vilja

        Pret. sg. 1 vilda, etc.

SUBJ.   Pres. sg. 1 vilja   plu. vilim
                   2 vilir   viliŏ
                   3 vili   vili

        Pret. sg. 1 vilda, etc.

Pres. Part. viljandi ; Past Part. neut. viljat.

TEXTS

PROSE

1. ALFRED THE GREAT

From *Egils saga Skallagrímssonar*, ch. 50. The translation is very literal.
The sections indicated in the notes below refer to the Grammar.

Álfráðr hinn ríki[1] réð[2] fyrir[3] Englandi.
Alfred   the   Great   ruled   over   England.

Hann var[4] fyrstr[5] einvaldskonungr[6] yfir[7] Englandi sinna[8]
He   was the first   absolute king   over   England of his
kynsmanna[9].
kinsmen.

Þat   var   á[10]   dögum   Haralds[11]   hins[11]   hárfagra[11]
That   was   in   the days   of Harold   the   Fairhaired
Noregskonungs[11].
king of Norway.

Eptir hann var konungr í Englandi son hans Játvarðr.
After   him   was   king   in England   his   son   Edward.

Hann var faðir[12] Aðalsteins[13] hins[13] sigrsæla[13], fóstra
He was the father of Athelstan   the   victorious, foster-father
Hákonar hins góða.
of Hákon   the   Good.

---

[1] *ríkr*, adj. = 'powerful,' 'great.' Declined weak because after Def. Article, § 32.
[2] *réð*, Pret. sg. of *ráða*.
[3] *fyrir*, governs D. *Englandi*.
[4] *var*, 3 Pret. sg. of *vera*, 'to be,' § 67.
[5] *fyrstr*, adj. superlat., compar. = *fyrri*.
[6] *einvaldskonungr*, compound of *einn*, 'one' and *vald*, 'power' (in the G. sg.) with *konungr*.
[7] *yfir*, prep. w. D.
[8] *sinna*, § 58.
[9] *-manna*, see *maðr*, § 20 (*d*).
[10] *á* with D. *dögum*, § 13 (*a*) and § 14.
[11] All these words in agreement and in G., for *-fagra* see *fagr*, § 33 Nt. 2.
[12] *faðir*, § 20 (*b*).
[13] Agreement in G.: *sigr*, 'victory,' *sæll* adj. = 'fortunate.' Declined weak.

2. HÁLFDAN THE BLACK

From Snorri Sturluson's *Heimskringla: Hálfdanar saga Svarta*, ch. 7
Hálfdan, a petty king in Norway, died 861.

Hálfdan[1] konung[1] dreymdi aldri: honum[2] þótti þat
Hálfdan *king* *dreamt* *never:* *to him* *seemed* *that*
undarligt[3], ok bar[4] þat fyrir þann mann[5] er
strange, *and he mentioned* *it* *to* *that* *man* *who*
nefndr[6] er[7] Þorleifr hinn[8] spaki, ok leitaði ráða[9] hvat at
called *is* *Þorleifr* *the* *Wise, and sought advice what for*
því[10] mundi[11] mega[12] gera. Þorleifr sagði[13] hvat hann
this *he might be able to do.* *Þorleifr* *told* *what* *he*
gerði[14] ef hann forvitnaði at vita nökkurn[15] hlut, at
did *if* *he* *was curious to know a certain thing, (that)*
hann fœri[16] í svína bœli at sofa, ok brást[17] honum
he *went into a pigs' sty* *to sleep, and* *failed* *him*
þá eigi draumr.
then not (a) dream.

3. KING SVEGÐIR

From the *Ynglinga Saga*, ch. 15. Svegðir was one of the early Swedish
kings. The belief that dwarfs inhabited caves was a widespread Teutonic
belief.

Svegðir tók ríki eptir föður[1] sinn: hann strengði[2]
Svegðir *took the kingdom after* *his* *father:* *he* *vowed*

[1] *Hálfdan, konung* both A. The verb *dreyma* used impers. takes the double A.
(of 'dreamer' and 'dream").
[2] *honum* D. with vb. *þykkja.*
[3] *undarligt,* neut. form of adj. *undarligr.*
[4] *bar,* Pret. sg. from *bera,* § 79.   [5] *mann,* § 20 (*d*).
[6] *nefndr,* from wk. vb. *nefna* made from noun *nafn,* 'name.'
[7] *er,* § 67.   [8] *hinn,* § 63.   [9] *ráða,* G. of *ráð* after vb. *leita.*
[10] *því,* § 60.   [11] *mundi,* Pret. of *munu,* § 87 and Nt.
[12] *mega,* § 87.   [13] *sagði,* § 69.
[14] *gerði,* Pret. of *gera (göra).*   [15] *nökkurn,* § 65.
[16] *fœri,* Pret. Subj. of *fara,* 'to go,' § 81.
[17] *brást,* Middle Voice, Pret. of *bregða,* § 86, used reflexively with D. *honum,*
meaning 'to fail.'
[1] *föður* A. after *eptir,* cf. § 20 (*b*).   [2] *strengja heit*='to make a vow.'

þess[3] heit at leita Goðheims[4] ok Óðins[4] hins[4] gamla[4].
this vow to seek Goðheim and Odin the Old.

Ok í austanverðri Svíþjóð heitir bœr mikill at[5] Steini[5]
And in east Sweden is called a big farm Steinn

þar er steinn svá mikill sem stór hús. Um
where is a stone as high as large houses. In

kveldit[5a] eptir sólarfall, þá er Svegðir gekk[6] frá
the evening after sunset, when Svegðir went from

drykkju[7] til svefnbúrs[8], sá hann til
drinking to (the) sleeping room, he looked in the direction of

steinsins[9] at dvergr sat undir steininum[9].
the stone (and saw) that a dwarf sat at the foot of the stone.

Svegðir ok hans menn váru mjök druknir[10] ok runnu[11]
Svegðir and his men were. very drunk and ran

til steinsins. Dvergrinn stóð[12] í durum[13] ok kallaði[14] á
to the stone. The dwarf stood in the entrance and called to

Svegði, bað[15] hann þar inn ganga ef hann vildi[16] Óðin
Svegðir, asked him therein to go if he wished to meet

hitta. Svegðir hljóp[17] í steininn[9] en steinninn[9] laukst[18]
Odin. Svegðir ran into the stone but the stone shut

þegar aptr, ok kom Svegðir eigi aptr.
straightway behind, and came Svegðir not back.

---

[3] þess G. of þat not agreeing with heit : obj. G. (of þat) after heit.

[4] Goðheims.... All these words in G. after leita.

[5] at.... The verb heita is used with the prep. at and the name of the place in the D. Cf. Extract 25, ll. 86–7.

[5a] kveldit A. (after um) of kveld neut. The Def. Art. -inn (here neut. A. -it) is suffixed to the noun. See § 64.

[6] gekk, Pret. of ganga, § 86.

[7] drykkju, D. sg. of weak fem. drykkja. Cf. vb. drekka ' drink.'

[8] The sleeping apartments would probably be in a different building.

[9] steinsins, steininn, steinninn, steininum, cf. these cases of steinn with suffixed Def. Art.; the G.A.N.D. sg. respectively, cf. § 64.

[10] druknir, Past Part. of drekka agreeing with plu. subject. Declined as § 34.

[11] runnu, § 86.   [12] stóð, § 86.

[13] durum, D. plu. dyrr, ' door' is plu. in Norse.   [14] kallaði, § 82.

[15] bað, Pret. sg. of biðja, § 86.

[16] vildi, § 88.

[17] hljóp from hlaupa, § 86.

[18] laukst Middle Voice, used reflex., from lúka, § 77.

4. THE ÆSIR AND THE VANIR

From the *Ynglinga Saga*, ch. 4. In Old Norse mythology there are two rival communities of gods, the *Æsir* and the *Vanir*. In this saga the gods are described as ruling on earth; Odin is king of the Æsir.

Óðinn fór með her á hendr Vönum, en þeir urðu vel við ok vörðu land sitt ok höfðu ýmsir sigr: herjuðu hvárir á land annarra ok gerðu skaða. En er þat leiddist hvárumtveggjum, lögðu þeir milli sín sættarstefnu ok gerðu frið ok seldust gíslar.

5 Fengu Vanir sína hina ágæztu menn, Njörð hinn auðga ok son hans Frey, en Æsir þar í mót þann er Hœnir hét, ok kölluðu hann allvel til höfðingja fallinn. Hann var mikill maðr ok hinn vænsti. Með honum sendu Æsir þann er Mímir hét: hann var hinn vitrasti maðr: en Vanir fengu þar í mót þann er spakastr

10 var í þeira flokki, sá hét Kvasir. En er Hœnir kom í Vanaheim þá var hann þegar höfðingi gerr. Mímir kendi honum ráð öll; en er Hœnir var staddr á þingum eða stefnum svá at Mímir var eigi nær ok kœmi nökkur vandamál fyrir hann, þá svaraði hann æ hinu sama, "Ráði aðrir" sagði hann. Þá grunaði Vani at Æsir

15 mundi hafa falsat þá í mannaskiptinu; þá tóku þeir Mími ok

Odin set out with an army against the Vanir, but they made a stout resistance and defended their country: each side was victorious by turns; they harried each other's land and did damage. When both sides were tired of the struggle they agreed to meet for a truce; they made peace and exchanged hostages. The Vanir gave their most famous men, Njörðr the Wealthy and Freyr, his son, but the Æsir gave in exchange a man named Hœnir, and made out that he was very well suited for a chief. He was a tall man and most handsome. With him the Æsir sent one called Mímir; he was a very wise man. The Vanir gave in exchange for him the wisest man in their army, by name Kvasir. Now when Hœnir came to Vanaheim he was immediately made a chief. Mímir suggested all his speeches; but when Hœnir was present at councils or assemblies and Mímir not at hand, and any difficult matters came up before him, then he always made the same remark, "Let others decide" he would say. Then the Vanir suspected that the Æsir must have played them false in the exchange of men; they seized Mímir, beheaded him and

hálshjoggu ok sendu höfuðit Ásum. Óðinn tók höfuðit ok
smurði urtum þeim er eigi mátti fúna, ok kvað þar yfir galdra ok
magnaði svá at þat mælti við hann ok sagði honum marga leynda
hluti. Njörð ok Frey setti Óðinn blótgoða ok váru þeir Díar
með Ásum. Dóttir Njarðar var Freyja; hon var blótgyðja ok 20
kendi fyrst með Ásum seið sem Vönum var títt.

---

sent his head to the Æsir. Odin took the head and smeared it
with such herbs that it would not decay, and sang magic songs over
it; he so bewitched it that it talked to him and told him of many
secret matters. Njörðr and Freyr Odin appointed as sacrificial
priests and they were Díar among the Æsir. Njörðr's daughter
was Freyja; she was a priestess and was the first to teach among
the Æsir witchcraft, as was the custom of the Vanir.

5. THE DEATH OF ODIN

From the *Ynglinga Saga*, ch. 8, and part of ch. 10.

Óðinn setti lög í landi sínu þau er gengit höfðu fyrr með Ásum.
Svá setti hann at alla dauða menn skyldi brenna, ok bera á bál
með þeim eign þeira; sagði hann svá, at með þvílíkum auðœfum
skyldi hverr koma til Valhallar sem hann hafði á bál; þess skyldi
hann ok njóta er hann sjálfr hafði í jörð grafit: en öskuna skyldi 5
bera út á sjá, eða grafa niðr í jörð. En eptir göfga menn skyldi
haug gera til minningar, en eptir alla þá menn er nökkut manns-
mót var at, skyldi reisa bautasteina: ok helzt sá siðr lengi síðan.
Þá skyldi blóta í móti vetri til árs, en at miðjum vetri blóta til
gróðrar, hit þriðja at sumri, þat var sigrblót. Um alla Svíþjóð 10
guldu menn Óðni skatt, penning fyrir nef hvert, en hann skyldi
verja land þeira fyrir úfriði ok blóta þeim til árs....
    Óðinn varð sóttdauðr í Svíþjóð; ok er hann var atkominn
bana, lét hann marka sik geirsoddi ok eignaði sér alla vápndauða
menn; sagði hann sik mundu fara í Goðheim ok fagna þar vinum 15
sínum....Óðinn var brendr dauðr, ok var sú brenna allveglig. Þat
var trúa þeira, at því hæra sem reykinn lagði í loptit upp, at
því háleitari væri sá í himninum er brennuna átti, ok því auðgari,
er meira fé brann með honum.

6. FREYR

From the *Ynglinga Saga*, chs. 12, 13.

Freyr tók þá ríki eptir Njörð: var hann kallaðr dróttinn yfir
Svíum ok tók skattgjafir af þeim; hann var vinsæll ok ársæll
sem faðir hans. Freyr reisti at Uppsölum hof mikit ok setti þar
höfuðstað sinn; lagði þar til allar skyldir sínar, lönd ok lausa aura;
5 þá hófst Uppsala auðr, ok hefir haldizt æ síðan. Á hans dögum
hófst Fróða friðr, þá var ok ár um öll lönd; kendu Svíar þat
Frey. Var hann því meir dýrkaðr en önnur goðin, sem á hans
dögum varð landsfólkit auðgara en fyrr af friðinum ok ári....
Freyr hét Yngvi öðru nafni: Yngva nafn var lengi síðan haft í
10 hans ætt fyrir tignarnafn, ok Ynglingar váru síðan kallaðir hans
ættmenn. Freyr tók sótt, en er at honum leið sóttin, leituðu
menn sér ráðs, ok létu fá menn til hans koma, en bjoggu haug
mikinn, ok létu dyrr á ok 3 glugga. En er Freyr var dauðr, báru
þeir hann leyniliga í hauginn, ok sögðu Svíum at hann lifði, ok
15 varðveittu hann þar 3 vetr. En skatt öllum heltu þeir í hauginn,
í einn glugg gullinu, en í annan silfrinu, í hinn þriðja eirpen-
ningum. Þá hélzt ár ok friðr....Þá er allir Svíar vissu at Freyr
var dauðr, en hélzt ár ok friðr, þá trúðu þeir at svá mundi vera
meðan Freyr væri á Svíþjóð, ok vildu eigi brenna hann, ok
20 kölluðu hann veraldargoð, blótuðu mest til árs ok friðar alla ævi
síðan.

7. KING HAKI'S FUNERAL

From the *Ynglinga Saga*, ch. 27. Ship-burial, both on land and sea, seems
to have been practised by the Teutonic peoples from early times (cf.
Beowulf, ll. 26 ff. etc.). Sometimes, as in the case of Haki, the funeral
ship was fired (cf. story of death of Balder; for an example as late as X
in Russia, cf. Anderson, *Orkneyinga Saga*, Introd. cxviii ff.). King Haki
may have lived in the V.

Haki konungr fekk svá stór sár at hann sá at hans lífdagar
mundu eigi langir verða. Þá lét hann taka skeið er hann átti,
ok lét hlaða dauðum mönnum ok vápnum, lét þá flytja út til hafs,
ok leggja stýri í lag ok draga upp segl, en leggja eld í tyrvið
5 ok gera bál á skipinu. Veðr stóð af landi. Haki var þá atkominn
dauða eða dauðr, er hann var lagiðr á bálit. Sigldi skipit síðan
loganda út í haf, ok var þetta allfrægt lengi síðan.

8. KING AÐILS

From the *Ynglinga Saga*, ch. 33. For another account of the following events cf. *Beowulf*. [Hrólfr Kraki = Hróðulf ; Áli = Onela; Aðils = Ēadgils : Helgi = Hālga.] Leire, Helgi's capital, was on the island of Seeland.

Helgi konungr Hálfdanarson réð þá fyrir Hleiðru; hann kom til Svíþjóðar með her svá mikinn at Aðils konungr sá engan sinn kost annan en flýja undan. Helgi konungr gekk þar á land með her sinn ok herjaði, fekk mikit herfang: hann tók höndum Yrsu dróttning, ok hafði með sér til Hleiðrar, ok gekk at eiga hana; 5 þeira son var Hrólfr kraki. En er Hrólfr var þrévetr, þá kom Álof dróttning til Danmerkr: sagði hon þá Yrsu at Helgi konungr, maðr hennar, var faðir hennar en Álof móðir hennar. Fór þá Yrsa aptr til Svíþjóðar til Aðils konungs, ok var þar dróttning meðan hon lifði síðan. Helgi konungr fell í hernaði; Hrólfr 10 kraki var þá 8 vetra, ok var þá til konungs tekinn at Hleiðru. Aðils konungr átti deilur miklar við konung þann er Áli hét hinn Upplenzki; hann var ór Nóregi. þeir Aðils konungr ok Áli konungr áttu orrostu á Vænis ísi; þar fell Áli konungr, en Aðils hafði sigr. Frá þessarri orrostu er langt sagt í Skjöldunga sögu, 15 ok svá frá því er Hrólfr kraki kom til Uppsala til Aðils; þa söri Hrólfr kraki gullinu á Fyrisvöllu. Aðils konungr var mjök kærr at góðum hestum, hann átti hina beztu hesta í þann tíma. Slöngvir hét hestr hans, en annarr Hrafn, þann tók hann af Ála dauðum....Aðils konungr var at dísablóti, ok reið hesti um 20 dísarsalinn; hestrinn drap fótum undir honum ok fell, ok konungr af fram, ok kom höfuð hans á stein, svá at haussinn brotnaði. þat var hans bani. Aðils dó at Uppsölum, ok er þar heygðr; kölluðu Svíar hann ríkan konung.

9a. BÖÐVARR BJARKI AND THE TROLL

From the *Hrólfs saga Kraka*, ch. 23 (F. Jónsson). The scene is at Leire, at the court of Hrólfr Kraki, king of Denmark. The following story bears a close resemblance to Beowulf's fight with Grendel at Heorot, when he rids the Danish court of a monster which the king's retainers have been unable to destroy (*Beowulf*, ll. 710 ff.) ; cf. also the exploit told of Grettir the Outlaw (*Grettis Saga*, chs. 64–66).

Ok sem leið at jólum gerðuz menn ókátir. Böðvarr spyrr Hött hverju þetta sætti; hann segir honum at dýr eitt hafi þar

komit tvá vetr í samt, mikit ok ógurligt—"ok hefir vængi á
bakinu ok flýgr þat jafnan; tvau haust hefir þat nú hingat vitjat
5 ok gert mikinn skaða: á þat bíta ekki vápn, en kappar konungs
koma ekki heim, þeir sem at eru einna mestir." Böðvarr mælti,
"Ekki er höllin svá vel skipuð sem ek ætlaði, ef eitt dýr skal hér
eyða ríki ok fé konungsins." Höttr sagði, "Þat er ekki dýr, heldr
er þat hit mesta tröll." Nú kemr jólaaptann; þá mælti konungr,
10 "Nú vil ek at menn sé kyrrir ok hljóðir í nótt, ok banna ek öllum
mínum mönnum at ganga í nökkurn háska við dýrit, en fé ferr
eptir því sem auðnar; menn mína vil ek ekki missa." Allir heita
hér góðu um at gera eptir því sem konungr bauð. Böðvarr
leyndiz í burt um nóttina; hann lætr Hött fara með sér, ok gerir
15 hann þat nauðugr ok kallaði hann sér stýrt til bana. Böðvarr
segir at betr mundi til takaz. Þeir ganga í burt frá höllinni, ok
verðr Böðvarr at bera hann, svá er hann hræddr. Nú sjá þeir
dýrit; ok því næst æpir Höttr slíkt sem hann má, ok kvað dýrit
mundu gleypa hann. Böðvarr bað bikkjuna hans þegja ok kastar
20 honum niðr í mosann, ok þar liggr hann ok eigi með öllu
óhræddr; eigi þorir hann heim at fara heldr. Nú gengr Böðvarr
móti dýrinu; þat hœfir honum at sverðit er fast í umgjörðinni,
er hann vildi bregða því. Böðvarr eggjar nú fast sverðit ok þá
bragðar í umgjörðinni, ok nú fær hann brugðit umgjörðinni, svá
25 at sverðit gengr úr slíðrunum, ok leggr þegar undir bœgi dýrsins
ok svá fast at stóð í hjartanu, ok datt þá dýrit til jarðar dautt
niðr. Eptir þat ferr hann þangat sem Höttr liggr. Böðvarr tekr
hann upp ok berr þangat sem dýrit liggr dautt. Höttr skelfr
ákaft. Böðvarr mælti, "Nú skaltu drekka blóð dýrsins." Hann
30 er lengi tregr, en þó þorir hann víst eigi annat. Böðvarr lætr
hann drekka tvá sopa stóra; hann lét hann ok eta nökkut af
dýrshjartanu; eptir þetta tekr Böðvarr til hans, ok áttuz þeir við
lengi. "Helzt ertu nú sterkr orðinn, ok ekki vænti ek at þú hræðiz
nú hirðmenn Hrólfs konungs."

9b. SKEGGI

From the saga of *Þórðr Hreða*, ch. 3. There are numerous accounts in the sagas
of adventurers who break into barrows in search of the treasures which
were placed beside the dead man before the barrow was closed. Sometimes

the corpse comes to life again to defend its possessions. (Cf. *Grettis Saga*, ch. 18; Saxo, *Dan. Hist.* (transl. Elton), pp. 200 ff.; Kershaw, *Stories and Ballads of the Far Past*, pp. 94 ff.). For a further episode in the history of the sword Sköfnung see *Kormáks Saga*, ch. 9. After his adventure with the troll Höttr was called Hjalti.

Skeggi var garpr mikill ok einvígismaðr. Hann var lengi í víkingu. Ok eitthvert sinn kom hann við Danmörk, ok fór til Hleiðrar, þangat sem haugr Hrólfs konungs kraka var, ok braut hauginn ok tók á braut sverðit Hrólfs konungs Sköfnung, er bezt sverð hefir komit til Íslands, ok öxina, er Hjalti hafði átt 5 hinn hugprúði: en hann náði eigi Laufa af Böðvari bjarka; því at hann fekk hvergi sveigt hans armleggi. Síðan bar Skeggi Sköfnung.

10. STARKAÐR

From the *Gautreks Saga* (*Fornaldar Sögur*), ch. 7. Starkaðr was regarded in the Viking Age as the ideal warrior of olden times. His character, as presented in the many stories told about him, has many of the traits here said to have been bestowed upon him by Odin and Thor. He appears in Saxo Gramm., *Dan. Hist.*, in connection with the story of the Heatho-beardan, in the character of the 'old retainer' (the *eald æscwiga* of *Beowulf*, l. 2042), who stirs up Ingellus (Ingeld) to avenge the death of his father. His power to "compose poetry as fast as he speaks" is well exemplified by the succession of vituperative lines he addresses to the wife of Ingellus (Saxo, pp. 251 ff.); he is also said to have composed a poem on the Battle of Brávöllr. In the *Þáttr af Nornagesti*, where he fights with Sigurðr the Völsung, he is presented in an unfavourable light (e.g. ch. 7, "Sigurðr said that he had heard reports of him and generally little to his credit"). Cf. *Þorsteinsþáttr skelks* (transl. Elton, *Saxo Gramm.* pp. 418 ff.).

Vikarr konungr görðist hermaðr mikill, ok hafði marga kappa með sér þá er ágætir váru, en Starkaðr var mest metinn of öllum þeim....Vikarr konungr sigldi af Ögðum norðr á Hörðaland, ok hafði lið mikit. Hann lá í hólmum nökkurum lengi, ok fekk andviðri mikit. Þeir felldu spán til byrjar, ok fell svá at Óðinn 5 vildi þiggja mann at hlutfalli at hanga ór herinum. Þá var skipt liðinu til hlutfalla ok kom upp hlutr Vikars konungs. Við þat urðu allir hljóðir ok var ætlat um daginn eptir at ráðsmenn skyldu eiga stefnu um þetta vandmæli. Um nóttina, nær miðri nótt, vakti Hrosshárs-Grani Starkað, fóstra sinn, ok bað hann fara 10 með sér. Þeir taka bát einn lítinn, ok reru til eyjar einnar inn

frá hólminum. Þeir gengu upp til skógar ok fundu þar rjóðr
eitt í skóginum; í rjóðrinu var fjölmenni mikit, ok var þar þing
sett. Þar sátu 11 menn á stólum, er hinn tólfti var auðr. Þeir
15 gengu fram á þingit, ok settist Hrosshárs-Grani á stólinn hinn
tólfta. Þeir heilsuðu allir Óðni. Hann mælti at dómendr skyldi
þá dœma örlög Starkaðs. Þá tok Þórr til orða ok mælti, "Álfhildr,
móðir föður Starkaðs, kaus föður at syni sínum hundvísan jötun
heldr en Ásaþór, ok skapa ek þat Starkaði at hann skal hvárki
20 eiga son né dóttur, ok enda svá ætt sína."
Óðinn svaraði, "Þat skapa ek honum at hann skal lifa manns-
aldra þrjá."
Þórr mælti, "Hann skal vinna níðingsverk á hverjum manns-
aldri."
25 Óðinn svaraði, "Þat skapa ek honum at hann skal eiga en beztu
vápn ok váðir."
Þórr mælti, "Þat skapa ek honum at hann skal hvárki eiga land
né láð."
Óðinn mælti, "Ek gef honum þat at hann skal eiga of lausafjár."
30 Þórr mælti, "Þat legg ek á hann at hann skal aldri þykkjast nóg
eiga."
Óðinn svaraði, "Ek gef honum sigr ok snild at hverju vígi."
Þórr svaraði, "Þat legg ek á hann at hann fái í hverju vígi
meiðslasár."
35 Óðinn mælti, "Ek gef honum skáldskap at hann skal eigi seinna
yrkja enn mæla."
Þórr mælti, "Hann skal ekki muna eptir þat er hann yrkir."
Óðinn mælti, "Þat skapa ek honum at hann skal þykkja beztr
enum göfgustum mönnum ok hinum beztum."
40 Þórr mælti, "Leiðr skal hann alþýðu allri."
Þá dœmdu dómendr alt þetta á hendr Starkaði er þeir höfðu um
mælt, ok sleit svá þinginu. Fóru þeir Hrosshárs-Grani ok Starkaðr
til báts síns. Þá mælti Hrosshárs-Grani til Starkaðs, "Vel muntu
nú launa mér, fóstri, liðsemd þá er ek veitta þér." "Vel," segir
45 Starkaðr. "Þá skaltu nú senda mér Vikar konung, en ek mun
ráðin til leggja." Starkaðr játar þessu. Þá fekk Hrosshárs-Grani
geir í hönd honum ok segir at þat mundi sýnast reyrsproti.
Þá fóru þeir út til liðsins, ok var þá komit at degi. Um morgun-
inn eptir gengu ráðgjafar konungs á stefnu til umráða: kom þat

ásamt með þeim at þeir skyldu göra nökkura minning blótsins, 50
ok segir Starkaðr upp ráðagörðina. Þar stóð fura ein hjá þeim
ok stofn einn hár nær furunni; neðarliga af furunni stóð einn
kvistr mjór, ok tók í limit upp. Þá bjuggu þjónustusveinar mat
manna, ok var kálfr einn skorinn ok kruför. Starkaðr lét taka
kálfsþarmana, síðan steig Starkaðr upp á stofninn ok sveigði ofan 55
þann enn mjófa kvistinn, ok knýtti þar um kálfsþörmunum. Þá
mælti Starkaðr til konungs, "Nú er þér búinn hér galgi, konungr,
ok mun sýnast eigi allmannhættr. Nú gaktu hingat, ok mun ek
leggja snœru á háls þér." Konungr mælti, "Sé þess umbúð ekki
meir hættlig enn mér sýnist, þá vænti ek at mik skaði þetta 60
ekki, en ef öðruvís er, þá mun auðna ráða hvat at görist." Síðan
steig hann upp á stofninn, ok lagði Starkaðr virgilinn um háls
honum, ok steig síðan ofan af stofninum. Þá stakk Starkaðr
sprotanum á konungi ok mælti, "Nú gef ek þik Óðni!" Þá lét
Starkaðr lausan furukvistinn. Reyrsprotinn varð at geir, ok stóð 65
í gegnum konunginn. Stofninn fell undan fótum honum, en
kálfsþarmarnir urðu at viðu sterkri, en kvistrinn reis upp ok hóf
upp konunginn við limar, ok dó hann þar. Nú heita þar síðan
Vikarshólmar.

11. ÞÓRÓLFR MOSTRARSKEGG SAILS TO ICELAND

From the *Eyrbyggja Saga*, ch. 3 ff. Þórólfr died about 918.

Hrólfr var höfðingi mikill ok hinn mesti rausnarmaðr: hann
varðveitti þar í eyjinni Þórshof ok var mikill vinr Þórs, ok af
því var hann Þórólfr kallaðr; hann var mikill maðr ok sterkr,
fríðr sýnum ok hafði skegg mikit, því var hann kallaðr Mostrar-
skegg; hann var göfgastr maðr í eyjinni. Um várit fekk Þórólfr 5
Birni langskip gott ok skipat góðum drengjum ok fekk Hallstein,
son sinn, til fylgðar við hann, ok heldu þeir vestr um haf á vit
frænda Bjarnar. En er Haraldr konungr spurði at Þórólfr
Mostrarskegg hafði haldit Björn Ketilsson, útlaga hans, þá görði
hann menn til hans ok boðaði honum af löndum, ok bað hann 10
fara útlagan sem Björn, vin hans, nema hann komi á konungs
fund ok leggi alt sitt mál á hans vald. Þat var x vetrum
síðar en Ingólfr Arnarson hafði farit at byggja Ísland, ok var

sú ferð allfræg orðin, því at þeir menn er kómu af Íslandi sögðu
15 þar góða landakosti.

Þórólfr Mostrarskegg fekk at blóti miklu ok gekk til frétta við
Þór, ástvin sinn, hvárt hann skyldi sættast við konung eða fara af
landi brott ok leita sér svá annarra forlaga; en fréttin vísaði Þórólfi
til Íslands. Ok eptir þat fekk hann sér mikit hafskip ok bjó þat
20 til Íslandsferðar, ok hafði með sér skuldalið sitt ok búferli.
Margir vinir hans réðust til ferðar með honum. Hann tók ofan
hofit ok hafði með sér flesta viðu þá er þar höfðu í verit, ok svá
moldina undan stallanum þar er Þórr hafði á setit. Síðan sigldi
Þórólfr í haf ok byrjaði honum vel ok fann landit, ok sigldi
25 fyrir sunnan vestr um Reykjanes. Þá fell byrrinn ok sá þeir at
skárust í landit inn firðir stórir. Þórólfr kastaði þá fyrir borð
öndvegissúlum sínum, þeim er staðit höfðu í hofinu: þar var
Þórr skorinn á annarri. Hann mælti svá fyrir at hann skyldi
þar byggja á Íslandi sem Þórr léti þær á land koma. En þegar
30 þær hóf frá skipinu, sveif þeim til ens vestra fjarðarins, ok þótti
þeim fara eigi vánu seinna. Eptir þat kom hafgula; sigldu
þeir þá vestr fyrir Snjófellsnes ok inn á fjörðinn. Þeir sjá at
fjörðrinn er ákaflega breiðr ok langr, ok mjök stórfjöllótt hvárum-
tveggja megin. Þórólfr gaf nafn firðinum ok kallaði Breiðafjörð.
35 Hann tók land fyrir sunnan fjörðinn nær miðjum, ok lagði skipit
á vág þann er þeir kölluðu Hofsvág síðan. Eptir þat könnuðu
þeir landit ok fundu á nesi framanverðu, er var fyrir norðan
váginn, at Þórr var á land kominn með súlurnar. Þat var síðan
kallat Þórsnes. Eptir þat fór Þórólfr eldi um landnám sitt,
40 útan frá Stafá ok inn til þeirar ár er hann kallaði Þórsá, ok bygði
þar skipverjum sínum.

Hann setti bœ mikinn við Hofsvág er hann kallaði á
Hofsstöðum: þar lét hann reisa hof ok var þat mikit hús; váru
dyrr á hliðvegginum ok nær öðrum endanum: þar fyrir innan
45 stóðu öndvegissúlurnar ok váru þar í naglar: þeir hétu
reginnaglar. Þar fyrir innan var friðstaðr mikill. Innar af
hofinu var hús í þá líking sem nú er sönghús í kirkjum, ok stóð
þar stalli á miðju gólfinu sem altari, ok lá þar á hringr einn
mótlauss, tvítögeyringr, ok skyldi þar at sverja eiða alla. Þann
50 hring skyldi hofgoði hafa á hendi sér til allra mannfunda. Á
stallanum skyldi ok standa hleytbolli ok þar í hleytteinn sem

stökkull væri, ok skyldi þar stökkva með ór bollanum blóði því
er hlaut var kallat; þat var þesskonar blóð er sœfð váru þau
kvikendi, er goðunum var fórnat. Umhverfis stallann var goðunum
skipat í afhúsinu. Til hofsins skyldu allir menn tolla gjalda, 55
ok vera skyldir hofgoða til allra ferða, sem nú eru þingmenn
höfðingjum, en goði skyldi hofi upp halda af sjálfs síns kostnaði,
svá at eigi hrörnaði, ok hafa inni blótveizlur.

Þórólfr kallaði Þórsnes milli Vigrafjarðar ok Hofsvágs. Í því
nesi stendr eitt fjall: á því fjalli hafði Þórólfr svá mikinn 60
átrúnað at þangat skyldi engi maðr óþveginn líta, ok engu skyldi
tortíma í fjallinu, hvárki fé né mönnum, nema sjálft gengi í
brott. Þat fjall kallaði hann Helgafell, ok trúði at hann mundi
þangat fara þá er hann dœi, ok allir á nesinu hans frændr. Á
tanganum nessins, sem Þórr hafði á land komit, lét hann hafa 65
dóma alla, ok setti þar heraðsþing: þar var ok svá mikill
helgistaðr at hann vildi með engu móti láta saurga völlinn.......
Þórólfr görðist rausnarmaðr mikill í búi ok hafði fjölmennt
með sér, því at þá var gott matar at afla af eyjum ok öðru
sjófangi.   70

Þorsteinn Þorskabítr was the son of Þórólfr ; he succeeded his father as
goði. Cremation, except under exceptional circumstances, was not practised
in Iceland. The spirit of the dead man was no longer thought of as passing
to a distant Valhalla, but was believed to inhabit the place of burial (cf.
Njáls Saga, ch. 77).

                                                                                                       75
Þat sama haust fór Þorsteinn út í Höskullsey til fangs. Þat
var eitt kveld um haustit, at sauðamaðr Þorsteins fór at fé fyrir
norðan Helgafell; hann sá, at fjallit laukst upp norðan; hann sá
inn í fjallit elda stóra, ok heyrði þangat mikinn glaum ok
hornaskvol, ok er hann hlýddi ef hann næmi nökkur orðaskil, 80
heyrði hann at þar var heilsat Þorsteini þorskabít ok förunautum
hans, ok mælt at hann skal sitja í öndvegi gegnt feðr sínum.
Þenna fyrirburð sagði sauðamaðr Þóru, konu Þorsteins, um
kveldit. Hon lét sér fátt um finnast, ok kallar vera mega at
þetta væri fyrirboðan stœrri tíðinda. Um morguninn eptir kómu 85
menn útan ór Höskullsey, ok sögðu þau tíðindi at Þorsteinn
þorskabítr hafði druknat í fiskiróðri, ok þótti mönnum þat mikill
skaði.

12. QUEEN AUÐR

From the *Landnámabók* (with cuts). Auðr 'the Deep-minded,' the
daughter of Ketill Flatnose, was the wife of Óláfr the White, King of
Dublin (c. 853–873). She died about 900. She is also called Uðr, Unnr.

Óleifr enn hvíti hét herkonungr. Hann herjaði í vestrvíking, ok
vann Dyflinni á Írlandi ok Dyflinnarskíri, ok gerðist þar konungr
yfir: hann fekk Uðar ennar djúpúðgu, dóttur Ketils flatnefs:
Þorsteinn rauðr hét son þeira. Óleifr fell á Írlandi í orrostu,
5 en Uðr ok Þorsteinn fóru þá í Suðreyjar;...Þorsteinn gerðist
herkonungr; hann réðst til félags með Siguiði enum ríka...; þeir
unnu Katanes ok Suðrland, Ros ok Merrhæfi, ok meirr en hálft
Skotland; gerðist Þorsteinn þar konungr yfir, ok Skotar sviku
hann, ok fell hann þar í orrostu. Uðr var þá á Katanesi, er hon
10 spurði fall Þorsteins: hon lét þá gera knör í skógi á laun: en
er hann var búinn, helt hon út í Orkneyjar: þar gipti hon Gró,
dóttur Þorsteins rauðs. Eptir þat fór Uðr at leita Íslands; hon
hafði á skipi með sér xx karla frjálsa....Uðr helt fyrst til Færeyja,
ok gaf þar Álofu dóttur Þorsteins rauðs. Síðan fór hon at leita
15 Íslands: hon kom á Vikarsskeið ok braut þar; fór hon þá á
Kjalarnes til Helga bjólu, bróður síns: hann bauð henni þar með
helming liðs síns, en henni þótti þat varboðit, ok kvað hon hann
lengi mundu lítilmenni vera. Hon fór þá vestr í Breiðafjörð til
Bjarnar bróður síns: hann gekk mót henni með húskarla sína,
20 ok lézt kunna veglyndi systur sinnar; bauð hann henni þar með
alla sína menn, ok þá hon þat. Eptir um várit fór Uðr í landaleit
inn í Breiðafjörð, ok lagsmenn hennar; þau átu dögurð fyrir
sunnan Breiðafjörð, þar er nú heitir Dögurðarnes; síðan fóru þau
inn eyjasund; þau lendu við nes þat er Uðr tapaði kambi sínum:
25 þat kallaði hon Kambsnes. Uðr nam öll Dalalönd í innanverðum
firðinum frá Dögurðará til Skraumuhlaupsár. Hon hafði bœnahald
sitt á Krosshólum; þar lét hon reisa krossa, því at hon var skírð
ok vel trúuð. Þar höfðu frændr hennar síðan átrúnað mikinn á
hólana. Var þá gerr hörgr, er blót tóku til; trúðu þeir því, at
30 þeir dœi í hólana, ok þar var Þórðr gellir leiddr í....
Uðr gaf lönd skipverjum sínum ok leysingjum....Vífill hét ley-
singi Uðar: hann spurði þess Uði hví hon gaf honum engan bústað
sem öðrum mönnum; hon kvað þat eigi skipta, kvað hann þar

göfgan mundu þykkja sem hann væri: honum gaf hon Vífilsdal.
Son Vífils var Þorbjörn, faðir Guðríðar, er átti Þorsteinn, son 35
Eiríks ens rauða, en síðar Þorfinnr karlsefni....
Hon var grafin í flœðarmáli, sem hon hafði fyrir sagt, því at
hon vildi eigi liggja í óvígðri moldu, er hon var skírð. Eptir þat
spiltist trúa frænda hennar.

13. THE DEATH OF AUÐR

From the *Laxdœla Saga*, ch. 7. Events c. 900.

Óláfr feilan var yngstr barna Þorsteins; hann var mikill maðr ok
sterkr, fríðr sýnum ok atgervimaðr enn mesti. Hann mat Unnr
um fram alla menn ok lýsti því fyrir mönnum, at hon ætlaði
Óláfi allar eignir eptir sinn dag í Hvammi. Unnr gerðist þá
mjök ellimóð. Hon kallaði til sín Óláf feilan ok mælti: "Þat hefir 5
mér komit í hug, frændi, at þú munir staðfesta ráð þitt ok
kvænast."
Óláfr tók því vel ok kveðst hennar forsjá hlíta mundu um þat
mál. Unnr mælti: "Svá hefi ek helzt ætlat at boð þitt muni vera
at áliðnu sumri þessu, því at þá er auðveldast at afla allra tilfanga, 10
því at þat er nær minni ætlan at vinir várir muni þá mjök
fjölmenna hingat; því at ek ætla þessa veizlu síðasta at búa."
Óláfr svarar: "Þetta er vel mælt, en þeirar einnar konu ætla ek
at fá, at sú ræni þik hvárki fé né ráðum."
Þat sama haust fekk Óláfr feilan Alfdísar; þeira boð var í 15
Hvammi. Unnr hafði mikinn fékostnað fyrir veizlunni, því at
hon lét víða bjóða tígnum mönnum ór öðrum sveitum. Hon bauð
Birni bróður sínum ok Helga bróður sínum bjólan; kómu þeir
fjölmennir. Þar kom Dala-Kollr mágr hennar ok Hörðr ór
Hörðadal ok mart annat stórmenni. Boðit var allfjölment, ok 20
kom þó hvergi nærri svá mart manna, sem Unnr hafði boðit, fyrir
því at Eyfirðingar áttu farveg langan.
Elli sótti þá fast at Unni, svá at hon reis ekki upp fyrir miðjan
dag, en hon lagðist snemma niðr. Engum manni leyfði hon at
sœkja ráð at sér, þess á milli er hon fór at sofa á kveldit ok hins, 25
er hon var klædd; reiðulega svarar hon, ef nökkur spurði at
mætti hennar.

þann dag svaf Unnr í lengra lagi, en þó var hon á fótum er
boðsmenn kómu, ok gekk á mót þeim ok fagnaði frændum sínum
30 ok vinum með sœmð: kvað þá ástsamlega gert hafa, er þeir
höfðu sótt þangat langan veg—"nefni ek til þess Björn ok Helga
ok öllum vil ek yðr þökk kunna, er hér eruð komnir."
Síðan gekk Unnr inn í skála ok sveit mikil með henni. Ok
er skálinn var alskipaðr, fanst mönnum mikit um hversu veizla
35 sú var sköruleg. Þá mælti Unnr, "Björn kveð ek at þessu, bróður
minn, ok Helga ok aðra frændr mína og vini: bólstað þenna með
slíkum búnaði, sem nú megu þér sjá, sel ek í hendr Óláfi frænda
mínum til eignar ok forráða."
Eptir þat stóð Unnr upp ok kvaðst ganga mundu til þeirar
40 skemmu, sem hon var vön at sofa í, bað at þat skyldi hverr hafa
at skemtan, sem þá væri næst skapi, en mungát skyldi skemta
alþýðunni. Svá segja menn, at Unnr hafi verit bæði há ok
þrekleg. Hon gekk hart útar eptir skálanum; fundust mönnum
orð um at konan var enn virðuleg.
45 Drukku menn um kveldit, þangat til at mönnum þótti mál at
sofa. En um daginn eptir gekk Óláfr feilan til svefnstofu Unnar
frændkonu sinnar; ok er hann kom í stofuna, sat Unnr upp við
hœgindin. Hon var þá önduð. Gekk Óláfr eptir þat í skála ok
sagði tíðendi þessi. Þótti mönnum mikils um vert, hversu Unnr
50 hafði haldit virðingu sinni til dauðadags. Var nú drukkit alt
saman, brullaup Óláfs ok erfi Unnar.
Ok enn síðasta dag boðsins var Unnr flutt til haugs þess, er
henni var búinn. Hon var lögð í skip í hauginum, ok mikit fé
var í haug lagt með henni; var eptir þat aptr kastaðr haugrinn.

14. HAROLD THE FAIRHAIRED

From the *Heimskringla*: *Haralds saga ins hárfagra*, chs. 6, 8, 22, 23.
King Harold the Fairhaired (860–930) succeeded his father, Hálfdan the
Black, as the ruler of a small kingdom in the south of Norway. His saga
tells how a girl Gyða refused to marry him until he had made himself king
over all Norway. In the following years Harold compelled all the petty
kings, then ruling in the land, to submit to him, and destroyed the final
attempt to resist his power at the sea-fight of Hafrsfjörðr (873). King
Æthelstan of England and he were on friendly terms, and Harold's son,
Hákon, was brought up at the English court.

Haraldr konungr setti þann rétt alt þar er hann vann ríki undir
sik, at hann eignaðist óðul öll ok lét alla bœndr gjalda sér land-
skyldir, bæði ríka ok úríka. Hann setti jarl í hverju fylki, þann
er dœma skyldi lög ok landsrétt ok heimta sakeyri ok land-
skyldir, ok skyldi jarl hafa þriðjung skatta ok skylda til borðs 5
sér ok kostnaðar. Jarl hverr skyldi hafa undir sér 4 hersa, eða
fleiri, ok skyldi hverr þeira hafa 20 marka veizlu. Jarl hverr
skyldi fá konungi í her 60 hermanna af sínum einum kostnaði,
en hersir hverr 20 menn. En svá mikit hafði Haraldr konungr
aukit álög ok landskyldir at jarlar hans höfðu meira ríki en 10
konungar höfðu fyrrum. En er þetta spurðist um Þrándheim,
þá sóttu til Haralds konungs margir ríkismenn ok gerðust hans
menn....
    Norðr í Naumudal váru brœðr tveir konungar, Herlaugr ok
Hrollaugr: þeir höfðu verit at 3 sumur at gera haug einn: sá 15
haugr var hlaðinn með grjóti ok límí ok viðum gerr. En er
haugrinn var algerr, þá spurðu þeir brœðr þau tíðendi at Haraldr
konungr fór á hendr þeim með her. Þá lét Herlaugr konungr
aka til haugsins vist mikla ok drykk; eptir þat gekk hann í
hauginn við tólfta mann, síðan lét hann kasta aptr hauginn. 20
Hrollaugr konungr fór upp á haug þann er konungar váru vanir
at sitja á, ok lét þar búa konungs hásæti ok settist þar í; þá lét
hann leggja dýnur á fótpallinn, þar er jarlar váru vanir at
sitja; þá veltist hann ór hásætinu ok í jarls sæti ok gaf sér
sjálfr jarls nafn. Eptir þat fór Hrollaugr á móti Haraldi konungi 25
ok gaf honum alt ríki sitt, ok bauð at gerast hans maðr, ok sagði
honum alla sína meðferð. Þá tók Haraldr konungr sverð ok festi
á linda honum, þá festi hann skjöld á háls honum ok gerði hann
jarl sinn ok leiddi hann í hásæti: þá gaf hann honum Naum-
dœla fylki, ok setti hann þar jarl yfir....   30
    Haraldr konungr spurði at víða um mitt landit herjuðu víkingar,
þeir er á vetrum váru fyrir vestan haf. Hann hafði þá leiðangr
úti hvert sumar, ok kannaði eyjar ok útsker: en hvar sem
víkingar urðu varir við her hans, þá flýðu allir ok flestir á haf
út. En er konungi leiddist þetta, þá varð þat á einu sumri at 35
konungr sigldi með her sinn vestr um haf: kom hann fyrst við
Hjaltland, ok drap þar alla víkinga, þá er eigi flýðu undan.
Síðan sigldi hann suðr til Orkneyja ok hreinsaði þar alt af

víkingum. Eptir þat ferr hann alt í Suðreyjar ok herjar þar,
40 hann drap þar marga víkinga, þá er fyrir liði réðu áðr: hann
átti þar margar orrustur ok hafði jafnan sigr. Þá herjaði hann
á Skotland ok átti þar orrostu. En er hann kom vestr í Mön,
þá höfðu þeir áðr spurt hvern hernað Haraldr konungr hafði gert
fyrrum þar í landi; þá flýði alt fólk inn á Skotland ok var þar
45 aleyða af mönnum : braut var ok flutt alt fé þat er mátti, en er
þeir Haraldr konungr gengu á land, þá fengu þeir ekki herfang.
Í þessum orrostum fell Ívarr, son Rögnvalds Mœrajarls. En
í bœtr þess gaf Haraldr konungr Rögnvaldi jarli, er hann sigldi
vestan, Orkneyjar ok Hjaltland, en Rögnvaldr gaf þegar Sigurði,
50 bróður sínum, bæði löndin, ok var hann vestr eptir. Þá er
konungr sigldi austr, gaf hann Sigurði jarldóm. Þá kom til
lags við hann Þorsteinn rauðr, son Óláfs hvíta ok Auðar hinnar
djúpúðgu; þeir herjuðu á Skotland ok eignuðust Katanes ok
Suðrland alt til Ekkjalsbakka. Sigurðr jarl drap Melbrigða
55 tönn, jarl skozkan, ok batt höfuð hans við slagálar sér ok laust
kvikvavöðva sínum á tönnina er skagði ör höfðinu : kom þar í
blástr, ok fekk hann þar af bana, ok er hann heygðr á Ekkjals-
bakka. Þá réð löndum Guthormr, sonr hans, einn vetr ok dó
barnlauss. Síðan settust í löndin víkingar margir, Danir ok
60 Norðmenn.

Haraldr konungr var á veizlu á Mœri at Rögnvalds jarls :
hafði hann þá eignazt land alt. Þá tók Haraldr konungr laugar.
Hann lét þá ok greiða hár sitt, ok þá skar Rögnvaldr jarl hár
hans, en áðr hafði verit úskorit ok úkembt 10 vetr: var hann
65 áðr kallaðr lúfa, en síðan gaf Rögnvaldr jarl honum kenningar-
nafn ok kallaði hann Harald hinn hárfagra ; ok sögðu allir, er sá,
at þat var hit mesta sannnefni, því at hann hafði hár bæði mikit
ok fagrt.

15. HELGI THE LEAN

From the *Landnámabók*. It was a common custom, during the Viking
Age, for Norsemen to send their children away from home to be
'fostered' by some kinsman or friend, generally of lower rank.

Eyvindr fór þá í vestrvíking, ok hafði útgerðir fyrir Írlandi ;
hann fekk Raförtu, dóttur Kjarvals Írakonungs, ok staðfestist
þar ; því var hann kallaðr Eyvindr austmaðr. Þau Raförta áttu

son þann, er Helgi hét: hann seldu þau til fóstrs í Suðreyjar; en er þau kómu þar út tveim vetrum síðar, þá var hann sveltr, 5 svá at þau kendu hann eigi; þau höfðu hann brutt með sér ok kölluðu hann Helga enn magra. Hann var fœddr á Írlandi: en er hann var roskinn gerðist hann virðingamaðr mikill: hann fekk þá Þórunnar hyrnu, dóttur Ketils flatnefs, ok átti þau mörg börn. 10 Helgi enn magri fór til Íslands með konu sína ok börn. Helgi var blandinn mjök í trú: hann trúði á Krist, en hét á Þór til sjófara ok harðræða. Þá er Helgi sá Ísland, gekk hann til fréttar við Þór, hvar land skyldi taka, enn fréttin vísaði honum norðr um landit....Helgi tók land fyrir útan Hrísey....Helgi nam 15 allan Eyjafjörð milli Sigluness ok Reynisness, ok gerði eld mikinn við hvern vatnsós ok helgaði sér svá alt herað. Helgi trúði á Krist ok kendi því við hann bústað sinn.

16. EGILL SKALLAGRÍMSSON AT YORK

From *Egils Saga Skallagrímssonar*, chs. 62-4 (with cuts). King Eric Blood-axe, who succeeded his father, Harold the Fairhaired, as ruler of Norway, was driven from his throne, in 935, by his brother Hákon, the foster-son of Æthelstan. He finally made himself King of York, and ruled there with the sanction of the English kings. Eric's wife, Gunnhildr, was Egill's greatest enemy, and had had him outlawed from Norway. Egill retaliated by slaying the queen's son. It must be understood that when Egill sailed from Iceland to seek King Æthelstan in the south of England, he was unaware that Eric and his queen had been driven from Norway and were then in York. [Cf. for a long discussion on the chronology, R. Bremner, *The Norsemen in Alban.*]

Svá er sagt at Gunnhildr lét seið efla, ok lét þat seiða at Egill Skallagrímsson skyldi aldri ró bíða á Íslandi, fyrr enn hon sæi hann. En þat sumar, er þeir Hákon ok Eiríkr höfðu hizt ok deilt um Noreg, þá var farbann til allra landa ór Noregi, ok kómu þat sumar engi skip til Íslands ok engi tíðendi ór Noregi. 5 Egill Skallagrímsson sat at búi sínu. En þann vetr annan, er hann bjó at Borg eptir andlát Skallagríms, þá gerðist Egill úkátr ok var því meiri úgleði hans er meir leið á vetrinn. Ok er sumar kom, þá lýsti Egill yfir því at hann ætlar at búa skip sitt til brottfarar um sumarit....Hann ætlar þá at sigla til Englands. 10

Þeir váru á skipi þrír tigir manna...Egill ætlaði þá at fara á fund
Aðalsteins konungs ok vitja heita þeira er hann hafði heitit
Agli at skilnaði þeira. Egill varð ekki snemmbúinn, ok er hann
lét í haf, þá byrjaði heldr seint. Tók at hausta ok stœrði veðrin.
15 Sigldu þeir fyrir norðan Orkneyjar. Vildi Egill þar ekki við
koma, því at hann hugði at ríki Eiríks konungs mundi alt yfir
standa í eyjunum. Sigldu þeir þá suðr fyrir Skotland ok höfðu
storm mikinn ok veðr þvert. Fengu þeir beitt fyrir Skotland ok
svá norðan fyrir England. En aptan dags, er myrkva tók, var
20 veðr hvast. Finna þeir eigi fyrr enn grunnföll váru á útborða ok
svá fram fyrir. Var þá engi annarr til enn stefna á land upp, ok
svá gerðu þeir. Sigldu þá til brots ok kómu at landi við Humru
mynni. Þar heldust menn allir ok mestr hluti fjár, annat enn
skip, þat brotnaði í spán. Ok er þeir hittu menn at máli, spurðu
25 þeir þau tíðendi, er Agli þóttu háskasamlig, at Eiríkr konungr
blóðöx var þar fyrir ok Gunnhildr, ok höfðu þar ríki til forráða,
ok hann var skamt þaðan uppi í borginni Jórvík. Þat spurði
hann ok at Arinbjörn hersir var þar með konungi ok í miklum
kærleik við konunginn. Ok er Egill var víss orðinn þessa tíðenda,
30 þá gerði hann ráð sitt. Þótti honum sér úvænt til undankvámu,
þótt hann freistaði þess at leynast, ok fara huldu höfði leið svá
langa sem vera mundi, áðr hann kœmi ór ríki Eiríks konungs.
Var hann þá auðkendr þeim er hann sæi. Þótti honum þat
lítilmannligt at vera tekinn í flótta þeim. Herði hann þá huginn
35 ok réð þat af, at þegar um nóttina er þeir höfðu þar komit, þá
fær hann sér hest ok ríðr þegar til borgarinnar. Kom hann þar
at kveldi dags ok reið hann þegar í borgina. Hann hafði síðan
hatt yfir hjálmi ok alvæpni hafði hann. Egill spurði hvar garðr
sá væri í borginni er Arinbjörn átti. Honum var þat sagt. Hann
40 reið þangat í garðinn. En er hann kom at stufunni, steig hann
af hesti sínum ok hitti mann at máli. Var honum þá sagt at
Arinbjörn sat yfir matborði....
    Ok er Arinbjörn hitti Egil, heilsaði hann honum, ok spurði
hví hann var þar kominn. Egill segir í fám orðum it ljósasta af
45 um ferð sína—"En nú skaltu fyrir sjá hvert ráð ek skal taka,
ef þú vill nökkurt lið veita mér." "Hefir þú nökkura menn hitt
í borginni?" segir Arinbjörn, "þá er þik muni kent hafa áðr þú
komt hér í garðinn?" "Engi" segir Egill. "Taki menn þá vápn

sín" segir Arinbjörn. Þeir gerðu svá; ok er þeir váru vápnaðir
ok allir húskarlar Arinbjarnar, þá gekk hann í konungsgarð, en 50
er þeir kómu til hallar, þá klappaði Arinbjörn á durum ok bað
upp láta ok segir hverr þar var.

Dyrverðir létu þegar upp hurðina. Konungr sat yfir borðum.
Arinbjörn bað þá ganga inn tólf menn; nefndi til þess Egil ok
tíu menn aðra—"Nú skaltu, Egill, fœra Eiríki konungi höfuð þitt 55
ok taka um fót honum, en ek mun túlka mál þitt." Síðan ganga
þeir inn. Gekk Arinbjörn fyrir konung ok kvaddi hann. Konungr
fagnaði honum ok spurði hvat er hann vildi. Arinbjörn mælti,
"Ek fylgi hingat þeim manni er kominn er um langan veg at
sœkja yðr heim ok sættast við yðr. Er yðr þat vegr mikill, herra, 60
er úvinir yðrir fara sjálfviljandi af öðrum löndum ok þykkjast
eigi mega bera reiði yðra, þó at þér séð hvergi nær. Láttu þér nú
verða höfðingliga við þenna mann. Lát hann fá af þér sætt góða
fyrir þat er hann hefir gert veg þinn svá mikinn, sem nú má sjá,
farit yfir mörg höf ok torleiði heiman frá búum sínum. Bar honum 65
enga nauðsyn til þessar farar, nema góðvili við yðr." Þá litaðist
konungr um ok sá hann fyrir ofan höfuð mönnum hvar Egill
stóð, ok hvesti augun á hann ok mælti: "Hví vartu svá djarfr,
Egill, at þú þorðir at fara á fund minn? Leystist þú svá heðan
næstum at þér var engi ván lífs af mér." Þá gekk Egill at 70
borðinu ok tók um fót konungi....

Eiríkr konungr sagði, "Ekki þarf ek at telja upp sakar á hendr
þér, en þó eru þær svá margar ok stórar at ein hver má vel
endast til at þú komir aldri heðan lífs. Áttu engis annars af ván
en þú munt hér deyja skulu. Máttir þú þat vita áðr at þú 75
mundir enga sætt af mér fá." Gunnhildr mælti, "Hví skal eigi
þegar drepa Egil, eða mantu eigi nú, konungr, hvat Egill hefir
gert, drepit vini þína ok frændr, ok þar á ofan son þinn, enn nítt
sjálfan þik, eða hvar viti menn slíku belt við konungmann?"

Arinbjörn segir, "Ef Egill hefir mælt illa til konungs, þá má 80
hann þat bœta i lofsorðum þeim er allan aldr megi uppi vera."
Gunnhildr mælti, "Vér viljum ekki lof hans heyra. Láttu,
konungr, leiða Egil út ok höggva hann. Vil ek eigi heyra orð
hans ok eigi sjá hann." Þá mælti Arinbjörn, "Eigi mun konungr
láta at eggjast um öll níðingsverk þín. Eigi mun hann láta Egil 85
drepa í nótt, þvíat náttvíg eru morðvíg."

Konungr segir, "Svá skal vera, Arinbjörn, sem þú biðr at
Egill skal lifa í nótt. Hafðu hann heim með þér ok fœr mér
hann á morgin." Arinbjörn þakkaði konungi orð sín—"Væntu
90 vér, herra, at heðan af muni skipast mál Egils á betri leið. En
þó at Egill hafi stórt til saka gert við yðr, þá líti þér á þat at
hann hefir mikils mist fyrir yðrum frændum....Egill er engi
ertingamaðr, en hvert mál er maðr skal dœma verðr at líta
á tilgerðir. Ek mun nú," segir Arinbjörn, "hafa Egil með mér
95 í nótt heim í garð minn."

Var nú svá, ok er þeir kómu í garðinn, þá ganga þeir tveir
í lopt nökkurt lítit ok rœða um þetta mál. Segir Arinbjörn svá,
"Allreiðr var konungr nú, en heldr þótti mér mýkjast skaplyndi
hans nökkut áðr létti, ok mun nú hamingja skipta hvat upp kemr.
100 Veit ek at Gunnhildr mun allan hug á leggja at spilla þínu máli.
Nú vil ek þat ráð gefa at þú vakir í nótt ok yrkir lofkvæði um
Eirík konung. Þœtti mér þá vel ef þat yrði drápa tvítug, ok
mættir þú kveða á morgin er vit komum fyrir konung. Svá gerði
Bragi, frændi minn, þá er hann varð fyrir reiði Bjarnar Svía
105 konungs, at hann orti drápu tvítuga um hann eina nótt, ok þá
þar fyrir höfuð sitt. Nú mætti vera at vér bærim gæfu til við
konung, svá at þér kœmi þat í frið við konung." Egill segir,
"Freista skal ek þessa ráðs, er þú vill, en ekki hefi ek við því
búizt at yrkja lof um Eirík konung."

110   Arinbjörn bað hann freista. Síðan gekk hann brott til manna
sinna. Sátu þeir at drykkju til miðrar nætr. Þá gekk Arinbjörn
til svefnhúss ok sveit hans, ok áðr hann afklæddist gekk hann
upp í loptit til Egils, ok spurði hvat þá liði um kvæðit. Egill
segir at ekki var ort—"hefir hér setit svala ein við glugginn ok
115 klakat í alla nótt, svá at ek hefi aldregi beðit ró fyrir." Síðan
gekk Arinbjörn á brott ok út um dyrr þær er ganga mátti upp
á húsit, ok settist við glugg þann á loptinu er fuglinn hafði áðr
við setit. Hann sá hvar hamhleypa nökkur fór annan veg af
húsinu. Arinbjörn sat þar við glugginn alla nóttina til þess er
120 lýsti. En síðan er Arinbjörn hafði þar komit, þá orti Egill alla
drápuna, ok hafði fest svá at hann mátti kveða um morgininn,
þá er hann hitti Arinbjörn. Þeir heldu vörð á nær tími mundi
vera at hitta konung.

Eiríkr konungr gekk til borða at vanda sínum ok var þá

fjölmenni mikit með honum; ok er Arinbjörn varð þess varr, þá 125
gekk hann með alla sveit sína alvápnaða í konungsgarð, þá er
konungr sat yfir borðum. Arinbjörn krafði sér inngöngu í
höllina. Honum var þat ok heimult gert. Ganga þeir Egill inn
með helming sveitarinnar. Annarr helmingr stóð úti fyrir durum.
Arinbjörn kvaddi konung, en konungr fagnaði honum vel. 130
Arinbjörn mælti, "Nú er hér kominn Egill. Hefir hann ekki
leitat til brotthlaups í nótt. Nú viljum vér vita, herra, hverr
hans hluti skal verða. Vænti ek góðs af yðr. Hefi ek þat gert,
sem vert var, at ek hefi engan hlut til þess sparat at gera ok
mæla svá at yðvarr vegr væri þá meiri enn áðr. Hefi ek ok 135
látit allar mínar eigur ok frændr ok vini, er ek átta í Noregi, ok
fylgt yðr, en allir lendirmenn yðrir skildust við yðr, ok er þat
makligt þvíat þú hefir marga hluti til mín stórvel gert."

Þá mælti Gunnhildr, "Hættu, Arinbjörn, ok tala ekki svá
langt um þetta. Mart hefir þú vel gert við Eirík konung, ok 140
hefir hann þat fullu launat. Er þér miklu meiri vandi á við
Eirík konung en Egil. Er þér þess eigi biðjanda at Egill fari
refsingarlaust heðan af fundi Eiríks konungs, slíkt sem hann
hefir til saka gert."

Þá segir Arinbjörn, "Ef þú, konungr, ok Gunnhildr hafið þat 145
einráðit at Egill skal hér enga sætt fá, þá er þat drengskapr at
gefa honum frest ok fararleyfi um viku sakar at hann forði sér.
Þó hefir hann at sjálfvilja sínum farit hingat á fund yðvarn ok
vænti sér af því friðar. Fara þá enn skipti yður sem verða má
þaðan frá." 150

Gunnhildr mælti, "Sjá kann ek á þessu, Arinbjörn, at þú ert
hollari Agli en Eiríki konungi—ef Egill skal ríða heðan viku í
brott í friði, þá mun hann kominn til Aðalsteins konungs á þessi
stundu. En Eiríkr konungr þarf nú ekki at dyljast í því at
honum verða nú allir konungar ofreflismenn; en fyrir skömmu 155
mundi þat þykkja ekki líklegt at Eiríkr konungr mundi eigi hafa
til þess vilja ok atferð at hefna harma sinna á hverjum manni
slíkum sem Egill er."

Arinbjörn segir, "Engi maðr mun Eirík kalla at meira mann
þó at hann drepi einn bóndason útlendan, þann er gengit hefir 160
á vald hans. En ef hann vill miklast af þessu, þá skal ek þat
veita honum at þessi tíðendi skulu heldr þykkja frásagnarverð,

þvíat vit Egill munum nú veitast at svá at jafnsnemma skal
okkr mœta báðum. Muntu, konungr, þá dýrt kaupa líf Egils um
165 þat er vér erum allir at velli lagðir, ek ok sveitungar mínir.
Mundi mik annars vara af yðr, en þú mundir mik vilja leggja
heldr at jörðu en láta mik þiggja líf eins manns er ek bið."
Þá segir konungr, "Allmikit kapp leggr þú á þetta, Arinbjörn,
at veita Agli lið. Trauðr mun ek til vera at gera þér skaða, ef
170 því er at skipta, ef þú vill heldr leggja fram líf þitt, en hann sé
drepinn. En œrnar eru sakar til við Egil, hvat sem ek læt gera
við hann." Ok er konungr hafði þetta mælt, þá gekk Egill fyrir
hann ok hóf upp kvæðit, ok kvað hátt, ok fekk þegar hljóð

. . . .

Eiríkr konungr sat uppréttr meðan Egill kvað kvæðit, ok
175 hvesti augun á hann. Ok er lokit var drápunni, þá mælti konungr,
"Bezta er kvæðit fram flutt; en nú hefi ek hugsat, Arinbjörn,
um mál várt Egils, hvar koma skal. Þú hefir flutt mál Egils
með ákafa miklum, er þú býðr at etja vandræðum við mik. Nú
skal þat gera fyrir þínar sakar sem þú hefir beðit, at Egill skal
180 fara frá mínum fundi heill ok úsakaðr. En þú, Egill, hátta svá
ferðum þínum at síðan er þú kemr frá mínum fundi af þessi
stufu, þá kom þú aldregi í augsýn mér."...
Arinbjörn þakkaði konungi með fögrum orðum þá sœmd ok
vináttu er konungr hefir veitt honum. Þá ganga þeir Arinbjörn
185 ok Egill heim í garð Arinbjarnar. Síðan lét Arinbjörn búa
reiðskjóta liði sínu. Reið hann brott með Agli ok hundrað
manna alvápnaðra með honum. Arinbjörn reið með lið þat til
þess er þeir kómu til Aðalsteins konungs, ok fengu þar góðar
viðtökur. Bauð konungr Agli með sér at vera, ok spurði hvernig
190 farit hafði með þeim Eiríki konungi. En at skilnaði þeira
Arinbjarnar ok Egils, þá gaf Egill Arinbirni gullhringa þá tvá
er Aðalsteinn konungr gaf honum, ok stóð mörk hvárr. En
Arinbjörn gaf Agli sverð þat er Dragvandill hét.

17. THE DEATH OF ERIC BLOODAXE

From the *Heimskringla: Saga of Hákon the Good*, ch. 4. According to English authorities (e.g. A.S. Chron.) Eric ruled over Northumbria, not under Edmund or Athelstan (cf. Extr. 16), but under Eadred (d. 955). He was twice expelled during his reign by Óláfr Kvaran, King of Dublin, no doubt the "Óláfr konungr" of l. 21 below. The scene of the battle was probably not far from Kirkby Stephen.

Eiríkr konungr hafði fjölmenni mikit um sik; helt þar fjölda Norðmanna er austan hafði farit með honum, ok enn kómu margir vinir hans síðan af Nóregi. En er hann hafði land lítit, þá fór hann jafnan í hernað á sumrum; herjaði á Skotland ok Suðreyjar, Írland ok Bretland, ok aflaði sér svá fjár. Aðalsteinn konungr 5 varð sóttdauðr; hann hafði verit konungr 14 vetr ok 8 vikur ok 3 daga. Síðan var konungr í Englandi Játmundr, bróðir hans; var honum ekki um Norðmenn; var Eiríkr konungr ekki í kærleikum við hann, ok fóru þau orð um at Játmundr konungr mundi þá annan konung setja yfir Norðimbraland. En er þat 10 spurði Eiríkr konungr, þá fór hann í vestrvíking ok hafði ór Orkneyjum með sér Arnkel ok Erlend, sonu Torf-Einars. Síðan fór hann í Suðreyjar, ok váru þar margir víkingar ok herkonungar ok réðust til liðs með Eiríki konungi; helt hann þá öllu liðinu fyrst til Írlands ok hafði þaðan slíkt lið er hann fekk. Síðan fór 15 hann til Bretlands ok herjaði þar. Eptir þat sigldi hann suðr undir England ok herjaði þar sem í öðrum stöðum; en alt lið flýði þar sem hann fór. Ok með því at Eiríkr var hreystimaðr mikill ok hafði her mikinn, þá treystist hann svá vel liði sínu at hann gekk langt á land upp, ok herjaði ok leitaði eptir mönnum. 20 Óláfr hét konungr sá er Játmundr konungr hafði þar sett til landvarnar: hann dró saman her úvígjan, ok fór á hendr Eiríki konungi, ok varð þar mikil orrosta: fellu mjök Enskir menn, en þar sem einn fell, kómu 3 af landi ofan í staðinn: ok hinn efra hlut dagsins snýr mannfallinu á hendr Norðmönnum, ok fellr 25 þar mikit fólk. Ok at lyktum þess dags fell Eiríkr konungr ok 5 konungar með honum; þessir eru nefndir: Guthormr, ok synir hans, Ívarr ok Hárekr; þar fell ok Sigurðr ok Rögnvaldr; þar fell ok Arnkell ok Erlendr, synir Torf-Einars. Þar varð allmikit mannfall af Norðmönnum. En þeir er undan kómust fóru til 30 Norðimbralands ok sögðu Gunnhildi ok sonum hennar þessi tíðindi.

18. THE MAKING OF THE *SONATORREK*

From *Egils Saga Skallagrímssonar*, ch. 81. Egill was about 60 when his
son Böðvarr was drowned: Egill's daughter, Þorgerðr, was the wife of
Óláfr pái ('Peacock'); cf. *Laxdœla Saga.* Events c. 960.

Böðvarr, son Egils, var þá frumvaxti. Hann var hinn efniligsti
maðr, fríðr sýnum, mikill ok sterkr svá sem verit hafði Egill eða
Þórólfr á hans aldri. Egill unni honum mikit. Var Böðvarr ok
elskr at honum. Þat var eitt sumar at skip var í Hvítá, ok var
5 þar mikil kaupstefna. Hafði Egill þar keypt við margan ok lét
flytja heim á skipi: fóru húskarlar ok höfðu skip áttært er Egill
átti. Þat var þá eitt sinn at Böðvarr beiddist at fara með þeim,
ok þeir veittu honum þat. Fór hann þá inn á Völlu með húskörlum.
Þeir váru sex saman á áttæru skipi; ok er þeir skyldu út fara,
10 þá var flœðrin síð dags, ok er þeir urðu hennar at bíða, þá fóru
þeir um kveldit síð. Þá hljóp á útsynningr steinóði, en þar gekk
í móti útfallsstraumr. Gerði þá stórt á firðinum, sem þar kann
opt verða. Lauk þar svá at skipit kafði undir þeim, ok týndust
þeir allir. En eptir um daginn skaut upp líkunum: kom lík
15 Böðvars inn í Einarsnes.

Þann dag spurði Egill þessi tíðendi, ok þegar reið hann at
leita líkanna: hann fann rétt lík Böðvars. Tók hann þat upp ok
setti í kné sér, ok reið með út í Digranes til haugs Skallagríms.
Hann lét þá opna hauginn ok lagði Böðvar þar niðr hjá
20 Skallagrími. Var síðan aptr lokinn haugrinn, ok var eigi fyrr
lokit en um dagsetrsskeið. Eptir þat reið Egill heim til Borgar.
Ok er hann kom heim, þá gekk hann þegar til lokrekkju þeirar,
er hann var vanr at sofa í. Hann lagðist niðr ok skaut fyrir loku.
Engi þorði at krefja hann máls; en svá er sagt, þá er þeir settu
25 Böðvar niðr, at Egill var búinn: hosan var strengd fast at beini;
hann hafði fustans kyrtil rauðan, þröngvan upphlutinn, ok laz
at síðu. En þat er sögn manna at hann þrútnaði svá at
kyrtillinn rifnaði af honum ok svá hosurnar. En eptir um daginn
lét Egill ekki upp lokrekkjuna. Hann hafði þá ok engan mat né
30 drykk: lá hann þar þann dag ok nóttina eptir: engi maðr þorði
at mæla við hann.

En hinn þriðja morgin, þegar er lýsti, þá lét Ásgerðr skjóta
hesti undir mann—reið sá sem ákafligast vestr í Hjarðarholt—ok

lét segja Þorgerði þessi tíðendi öll saman; ok var þat um nónskeið
er hann kom þar. Hann sagði ok þat með at Ásgerðr hafði sent 35
henni orð at koma sem fyrst suðr til Borgar. Þorgerðr lét þegar
söðla sér hest ok fylgdu henni tveir menn. Riðu þau um kveldit
ok nóttina, til þess er þau kómu til Borgar. Gekk Þorgerðr þegar
inn í eldahús. Ásgerðr heilsaði henni ok spurði hvárt þau hefði
náttverð etit. Þorgerðr segir hátt, "Engan hefi ek náttverð haft, 40
ok engan mun ek, fyrr en at Freyju. Kann ek mér eigi betri
ráð en faðir minn; vil ek ekki lifa eptir föður minn ok bróður."
Hon gekk at lokhvílunni ok kallaði, "Faðir, lúk upp hurðunni.
Vil ek at vit farim eina leið bæði." Egill spretti frá lokunni.
Gekk Þorgerðr upp í hvílugólfit ok lét loku fyrir hurðina; 45
lagðist hon niðr í aðra rekkju, er þar var. Þá mælti Egill, "Vel
gerðir þú, dóttir, er þú vill fylgja feðr þínum. Mikla ást hefir þú
sýnt við mik. Hver ván er at ek muna vilja lifa við harm þenna?"
Síðan þögðu þau um hríð. Þá mælti Egill, "Hvat er nú, dóttir,
tyggr þú nú nökkut?" "Tygg ek söl," segir hon, "þvíat ek ætla 50
at mér muni þá verra enn áðr. Ætla ek ella at ek muna of lengi
lifa." "Er þat illt manni?" segir Egill. "Allillt," segir hon, "viltu
eta?" "Hvat man varða?" segir hann. En stundu síðar kallaði
hon ok. bað gefa sér drekka. Síðan var henni gefit vatn at
drekka. Þá mælti Egill, "Slíkt gerir at er sölin etr, þyrstir æ 55
þess at meir." "Viltu drekka, faðir?" segir hon. Hann tók við
ok svalg stórum, ok var þat í dýrshorni. Þá mælti Þorgerðr
"Nú eru vit vélt, þetta er mjólk." Þá beit Egill skarð ór horninu
alt þat er tennr tóku, ok kastaði horninu síðan. Þá mælti
Þorgerðr, "Hvat skulu vit nú til ráðs taka? Lokit er nú þessi 60
ætlan. Nú vilda ek, faðir, at vit lengdim líf okkart, svá at þú
mættir yrkja erfikvæði eptir Böðvar, en ek mun rísta á kefli;
en síðan deyju vit, ef okkr sýnist. Seint ætla ek Þorstein son
þinn yrkja kvæðit eptir Böðvar, en þat hlýðir eigi at hann sé
eigi erfðr; því at eigi ætla ek okkr sitja at drykkjunni þeiri er 65
hann er erfðr." Egill segir at þat var þá úvænt at hann mundi
þá yrkja mega, þótt hann leitaði við—"enn freista má ek þess,"
segir hann. Egill hafði þá átt son, er Gunnarr hét, ok hafði sá
ok andazt litlu áðr.

[Here follows the *Sonatorrek*]   70

Egill tók at hressast, svá sem fram leið at yrkja kvæðit. Ok er lokit var kvæðinu, þá fœrði hann þat Ásgerði ok Þorgerði ok hjónum sínum. Reis hann þá upp ór rekkju ok settist í öndvegi. Kvæði þetta kallaði hann Sonatorrek. Síðan lét Egill erfa sonu 75 sína eptir fornri siðvenju: en er Þorgerðr fór heim, þá leiddi Egill hana með gjöfum í brott.

19. ÞÓRÓLFR SLEGGJA AND HIS CATS

From the *Vatnsdœla Saga*, ch. 28. Events c. 950.

Nú skal segja frá þeim manni, er fyrr var nefndr, er hét Þórólfr Sleggja; hann gerðist hinn mesti úspektarmaðr, bæði var hann þjófr, ok þó um annat stórilla fallinn; þótti mönnum með stórmeinum hans bygð ok engis ills örvænt fyrir honum; ok þótt 5 hann hefði eigi fjölmenni hjá sér, þá átti hann þá hluti er hann vænti trausts at: þat váru xx kettir: þeir váru ákafliga stórir, ok allir svartir ok mjök tryldir. Fóru menn nú til Þorsteins, ok sögðu honum sín vandræði, ok létu til hans koma um alla heraðsstjórn; sögðu Þórólf frá mörgum stolit hafa ok gört þó 10 mart úmannligt annat. Þorsteinn kvað þá satt segja,—"en eigi er alhœgt við heljarmanninn at eiga ok við köttu hans, ok þar til spari ek alla mína menn." Þeir sögðu hann varla mega halda sœmd sinni, ef eigi væri at gert. Eptir þetta safnaði Þorsteinn mönnum ok vildi undir sér eiga fyrir mannfjölda sakir. Með 15 honum váru brœðr hans allir ok austmaðr hans. Þeir fóru á Sleggjustaði. Þórólfr gaf sér eigi at; aldri mátti hann góða menn með sér hafa. Hann gekk inn, er hann sá mannareiðina, ok mælti, "Nú er við gestum at taka, ok ætla ek þar til köttu mína, ok mun ek setja þá alla í dyrr út, ok mun seint ráðast 20 inngangan, ef þeir verja dyrnar." Síðan magnaði hann þá mjök, ok váru þeir þá stórum illiligir með emjun ok augnaskotum. Jökull mælti við Þorstein, "Nú tóktu gott ráð at þu lézt eigi sitja mannfjánda þenna lengr kyrran." Þeir váru xviii menn. Þórólfr mælti, "Nú skal eld gera, ok hirði ek eigi þótt reykr 25 fylgi, þvíat kváma Vatnsdœla mun eigi vera friðsamlig." Hann lét ketil yfir eld ok bar undir ull ok hverskonar harka, ok var fullt húsit af reyk. Þorsteinn kom at durum ok mælti, "Útgöngu

beiðum vér þik, þórólfr!" Hann kvaðst ætla at þat eitt mundi
erindi þeira at eigi væri vingjarnligt. þá tóku kettirnir þegar
at amra ok illa láta. þorsteinn mælti, "þetta er ill sveit!" Jökull 30
svarar, "Göngum inn at þeim, ok hirðum eigi um köttu þessa."
þorsteinn kvað þat eigi skyldu,—"þvíat meiri ván er at vér haldim
eigi liði váru heilu með öllu saman, köttunum ok vápnum þórólfs,
þvíat hann er garpr mikill, ok þœtti mér betra at hann gæfi
sik upp sjálfr ok gengi út, þvíat meira efni hefir hann til eldingar 35
en honum megi vel eira inni at vera." þórólfr reiddi ketilinn af
eldinum, en felldi á ullarhlaðann, ok lagði út remmuna, svá at
þeir þorsteinn máttu eigi vera allnær durunum. Hann mælti
þá, "Varist þér köttuna at þeir hremsi yðr eigi, ok fleygjum
eldinum upp at húsunum." Jökull þreif einn eldibrand mikinn, 40
ok fleygði upp at durunum, en kettirnir hörfuðu undan, ok fell
hurðin við þat aptr. Veðrit stóð á húsin, en bálit tók at vaxa.
þorsteinn mælti, "Stöndum út við garðinn þar er reykrinn er
mestr, ok sjám þá hvat hann taki til, þvíat meira efni hefir hann
til um eldsgerð en þat megi honum lengi duga"; varð þorsteinn 45
þess ok nærgætr; hljóp þórólfr þá út með kistur ii fullar af silfri,
ok fór með reyknum; ok þá er hann kom út, var þar fyrir aust-
maðrinn ok mælti, "Hér ferr nú fjándinn, ok er nú illsligr."
Austmaðrinn hljóp eptir honum ofan til Vatnsdalsár. þórólfr
kom þar at er váru augu djúp eðr fen. þórólfr snérist þá í mót 50
honum, ok greip til hans ok brá honum undir hönd sér ok mælti,
"Til rásar kostar þú nú, ok förum at því báðir saman!"—ok hljóp
í fenit, ok sukku svá at hvárrgi kom upp. þorsteinn mælti,
"Stórilla hefir nú tekizt, er austmaðr minn hefir týnzt, en þat
mun bóta at endast mun fé þórólfs at bœta hann"; ok svá var 55
gert. þar heita síðan Sleggjustaðir, er þórólfr hafði búit, ok
sást jafnan kettir, ok illt þótti þar optliga síðan.

20. HRAFNKELL AND FREYR

From *Hrafnkelssaga Freysgoða*, chs. 2–3. This extract illustrates the
attitude of the average Icelander towards the deity he worshipped.
þórólfr, in Extr. 11, refers to the god þórr as his 'dear friend,' and
Hrafnkell regards the god Freyr as his partner in all his undertakings.
Events c. 950.

En þá er Hrafnkell hafði land numit á Aðalbóli, þa efldi hann
blót mikit: hann lét göra hof mikit. Hrafnkell elskaði ekki annat

goð meir en Frey, ok honum gaf hann alla hina beztu gripi sína hálfa við sik. Hrafnkell byggði allan dalinn, ok gaf mönnum 5 land, en vildi þó vera yfirmaðr þeira, ok tók goðorð yfir þeim— við þetta var lengt nafn hans ok kallaðr Freysgoði—ok var újafnaðarmaðr mikill en menntr vel. Hrafnkell átti þann grip í eigu sinni er honum þótti betri en annarr: þat var hestr, brúnmóálóttr at lit er hann kallaði Freyfaxa. Hann gaf Frey, 10 vin sínum, þann hest hálfan. Á þessum hesti hafði hann svá mikla elsku at hann strengði þess heit, at hann skyldi þeim manni at bana verða er honum riði án hans vilja.

21. HAROLD GREYCLOAK

From the *Heimskringla*: the *Saga of Harold Greycloak*, ch. 7. Harold became king in Norway after the death of Hákon the Good at Fitje: he ruled as king from 960–975. During his time there was a great famine in Norway, and in consequence he became unpopular. Cf. *Saga of Harold*, cap. 27, and the *Hákonarmál*, str. 21. ["Cattle are dying, kinsfolk are dying, land and realm are laid waste, and many people have been reduced to bondage since Hákon passed away to the heathen gods." Kershaw, *op. cit.* p. 109.]

Haraldr konungr sat optast á Hörðalandi ok Rogalandi. Þat var á einu sumri at hafskip kom af Íslandi er áttu íslenzkir menn; þat var hlaðit at vararfeldum, ok heldu þeir skipinu til Harðangrs, því at þeir spurðu at þar var fjölmenni mest fyrir. 5 En er menn kómu til kaupa við þá, þá vildi engi kaupa vararfeldina. Þá ferr stýrimaðr á fund Haralds konungs, því at honum var hann áðr málkunnigr, ok segir honum til þessa vandræða. Konungr segir at hann mun koma til þeira, ok hann gerir svá. Haraldr konungr var maðr lítillátr ok gleðimaðr mikill. Hann 10 var þar kominn með skútu alskipaða. Hann leit á varning þeira ok mælti við stýrimann, "Viltu gefa mér einn gráfeldinn?" "Gjarna," segir stýrimaðr, "þótt fleiri sé." Þá tók konungr einn feldinn ok skikti, síðan gékk hann ofan í skútuna. En áðr þeir reri í brott, hafði hverr hans manna feld keypt. Fám dögum 15 síðar kom þar svá mart manna, þeira er hverr vildi feld kaupa, at eigi fengu hálfir þeir er hafa vildu. Síðan var hann kallaðr Haraldr gráfeldr.

22. "ÞIÐRANDI WHOM THE GODDESSES SLEW"

From Þiðranda þáttr ok Þórhalls. In this story is foreshadowed the coming conflict between the old heathen beliefs and Christianity. Hall of the Side was one of the first converts of the missionary Þangbrandr (cf. Extr. 28). Njáls Saga (ch. 96) refers thus to the episode: "Synir Halls á Síðu váru þeir Þorsteinn ok Egill,...ok Þiðrandi, þann er sagt er at dísir vægi."

Þórhallr hét maðr norrœnn; hann kom út til Íslands á dögum Hákonar jarls Sigurðarsonar. Hann tók land í Sýrlœkjarósi, ok bjó á Hörgslandi. Þórhallr var fróðr maðr ok mjök framsýnn, ok var kallaðr Þórhallr spamaðr. Þórhallr spámaðr bjó þá á Hörgslandi, er Síðu-Hallr bjó at Hofi í Álptafirði, ok var með 5 þeim hin mesta vinátta. Gisti Hallr á Hörgslandi hvert sumar, er hann reið til þings. Þórhallr fór ok opt til heimboða austr þangat, ok var þar löngum. Sonr Halls hinn ellzti hét Þiðrandi; hann var manna vænstr ok efniligastr; unni Hallr honum mest allra sona sinna. Þiðrandi fór landa í milli, þegar hann hafði 10 aldr til. Hann var hinn vinsælasti hvar sem hann kom, því at hann var hinn mesti atgervismaðr, lítillátr ok blíðr við hvert barn. Þat var eitt sumar at Hallr bauð Þórhalli vin sínum austr þangat, þá er hann reið af þingi. Þórhallr fór austr nökkuru síðar en Hallr, ok tók Hallr við honum sem jafnan 15 með hin mesta blíðskap. Dvaldist Þórhallr þar um sumarit, ok sagði Hallr at hann skyldi eigi fyrri fara heim en lokit væri haustboði.

Þat sumar kom Þiðrandi út í Berufirði. Þá var hann átján vetra. Fór hann heim til föður síns. Dáðust menn þá enn mjök 20 at honum sem opt áðr, ok lofuðu atgervi hans; en Þórhallr spámaðr þagði jafnan, þá er menn lofuðu hann mest. Þá spurði Hallr hví þat sætti, "er þú leggr svá fátt til um hagi sonar míns Þiðranda? Því at mér þykkir þat merkiligt er þú mælir, Þórhallr," segir hann. Þórhallr svaraði, "Eigi gengr mér þat til 25 þess at mér mislíki nökkurr hlutr við hann eðr þik, eðr ek sjái síðr en aðrir menn at hann er hinn merkiligasti maðr, heldr berr hitt til, at margir verða til at lofa hann, ok hefir hann marga hluti til þess, þó at hann virði sik lítils sjálfr. Kann þat vera at hans njóti eigi lengi, ok mun þér þá œrin eptirsjá at um 30

son þinn svá vel mannaðan, þó at eigi lofi allir menn fyrir þér hans atgervi." En er á leið sumarit tók Þórhallr mjök at ógleðjast. Hallr spurði hví þat sætti. Þórhallr svarar, "Illt hygg ek til haustboðs þessa er hér skal vera, því at mér býðr þat
35 fyrir at spámaðr mun vera drepinn at þessi veizlu." "Þar kann ek at gera grein á," segir bóndi, "ek á uxa einn, tíu vetra gamlan, þann er ek kalla Spámann, því at hann er spakari enn flest naut önnur. En hann skal drepa at haustboðinu, ok þarf þik þetta eigi at ógleðja, því at ek ætla at þessi mín veizla sem
40 aðrar skuli þér ok öðrum vinum mínum verða til sœmdar." Þórhallr svarar, "Ek fann þetta ok eigi af því til at ek væra hræddr um mitt líf, ok boðar mér fyrir meiri tíðindi ok undarligri, þau er ek mun at sinni eigi upp kveða." Hallr mælti, "Þá er ok ekki fyrir at bregða boði því." Þórhallr
45 svarar, "Ekki mun tjóa at gera þat, því at þat mun fram ganga sem ætlat er."

Veizlan var nú búin at vetrnóttum. Kom þar fátt boðsmanna, því at veðr var hvasst ok viðgerðarmikit. En er menn settust til borðs um kveldit, þá mælti Þórhallr, " Biðja vilda ek at menn
50 hefði ráð mín um þat, at engi maðr komi hér út á þessi nótt, því at mikil mein munu hér á liggja, ef af þessu er brugðit, ok hverigir hlutir sem verða í bendingum, gefi menn eigi gaum at, því at illu mun furða ef nökkurr anzar til." Hallr bað menn halda orð Þórhalls, "því at þau rjúfast ekki," segir hann, "ok er
55 um heilt bezt at búa." Þiðrandi gekk um beina; var hann í því sem öðru mjúkr ok lítillátr. En er menn gengu at sofa, þá skipaði Þiðrandi gestum í sæng sína; en hann sló sér niðr í sæti yztr við þili. En er flestir menn váru sofnaðir, þá var kvatt dyra, ok lét engi maðr sem vissi. Fór svá þrysvar. Þá
60 spratt Þiðrandi upp, ok mælti, " Þetta er skömm mikil er menn láta hér allir sem sofi ok munu boðsmenn komnir." Hann tók sverð í hönd sér ok gekk út; hann sá engan mann. Honum kom þá þat í hug at nökkurir boðsmenn myndi hafa riðit fyrr heim til bœjar, ok riðit síðan aptr í móti þeim er seinna riðu.
65 Hann gekk þá undir viðköstinn, ok heyrði at riðit var norðan á völlinn. Hann sá at þat váru konur níu, ok allar í svörtum klæðum, ok höfðu brugðin sverð í höndum. Hann heyrði ok at riðit var sunnan á völlinn, þar váru ok níu konur, allar í ljósum

klæðum ok á hvítum hestum. Þá vildi Þiðrandi snúa inn, ok
segja mönnum sýnina; en þá bar at konurnar fyrr, hinar 70
svartklæddu, ok sóttu at honum; en hann varðist drengiliga.
En langri stundu síðarr vaknaði Þórhallr, ok spurði hvárt
Þiðrandi vekti, ok var honum eigi svarat. Þórhallr kvað þá
mundu of seinat.
Var þá út gengit; var á tunglskin ok frostviðri. Þeir fundu 75
Þiðranda liggja særðan, ok var hann borinn inn. Ok er menn
höfðu orð við hann, sagði hann þetta alt sem fyrir hann hafði
borit. Hann andaðist þann sama morgun í lýsing, ok var lagðr
í haug at heiðnum sið. Síðan var haldit fréttum um mannaferðir
ok vissu menn ekki vánir óvina Þiðranda. Hallr spurði Þórhall 80
hverju gegna myndi um þenna undarliga atburð. Þórhallr svarar,
"Þat veit ek eigi; en geta má ek til at þetta hafi engar konur
verit aðrar enn fylgjur yðrar frænda. Get ek at hér eptir komi
siðaskipti, ok mun því næst koma siðr betri hingat til lands.
Ætla ek þær dísir yðrar, er fylgt hafa þessum átrúnaði, munu 85
hafa vitat fyrir siðaskipti, ok þat at þér munit verða þeim afhendir
frændr. Nú munu þær eigi hafa því unat at hafa engan skatt
af yðr áðr, ok munu þær því hann haft hafa í sinn hlut; enn
hinar betri dísir mundu hafa viljat hjálpa honum, ok komust eigi
við at svá búnu. Nú munut þér frændr þeira njóta, er þann hinn 90
ókunna sið munut hafa, er þær boða fyrir ok fylgja."...
  En Halli þótti svá mikit lát Þiðranda sonar síns at hann
undi eigi lengr at búa at Hofi; færði hann þá bygð sína til
Þváttár. Þat var einn tíma at Þváttá, þá er Þórhallr spámaðr
var þar at heimboði með Halli; Hallr lá í hvílugólfi ok Þórhallr 95
í annarri rekkju, enn gluggr var á hvílugólfinu. Ok einn morgin,
er þeir vöktu báðir, þá brosti Þórhallr. Hallr mælti, "Hví brosir
þú nú?" Þórhallr svarar, "At því brosi ek at margr hóll
opnast, ok hvert kvikindi býr sinn bagga, bæði smá ok stór,
ok gera fardaga." Ok litlu síðar urðu þau tíðindi, sem nú skal 100
frá segja.

23. THE NORNS

From the *þáttr af Nornagesti*, chs. 11–12. The resemblance of this story to
the Greek legend of Althaea and Meleager is pointed out by Kershaw,
Stories and Ballads of the Far Past, p. 13. In the Prose Edda (*Gylfagin-
ning*, chs. 15, 16) the norns are described as women who attend the birth
of every child to shape its future life. Gestr has come to the court of
King Olaf Tryggvason; after relating many stories about people he has
met during the course of his long life, he proceeds to explain why he is
called 'Norna-gestr.'

Gestr mælti, "Þat var þá er ek var fœddr upp með föður mínum
í þeim stað er Grœningr heitir. Faðir minn var ríkr at peningum
ok helt ríkuliga herbergi sín. Þar fóru þá um landit völvur, er
kallaðar váru spákonur, ok spáðu mönnum aldr; því buðu margir
5 menn þeim heim ok gerðu þeim veizlur ok gáfu þeim gjafir at
skilnaði. Faðir minn gerði ok svá, ok kómu þær til hans með
sveit manna ok skyldu þær spá mér örlög; lá ek þá í vöggu, er
þær skyldu tala um mitt mál; þá brunnu yfir mér tvau kertisljós.
Þær mæltu þá til mín ok sögðu mik mikinn auðnumann verða
10 mundu, ok meira en aðra mína foreldra eða höfðingja syni þar í
landi, ok sögðu alt svá skyldu fara um mitt ráð. Hin yngsta
nornin þóttist oflítils metin hjá hinum tveim, er þær spurðu hana
eigi eptir slíkum spám er svá váru mikils verðar; var þar ok
mikil ribbalda sveit er henni hratt ór sæti sínu, ok fell hon til
15 jarðar. Af þessu varð hon ákafa stygg: kallar hon þá hátt ok
reiðiliga ok bað hinar hætta svá góðum ummælum við mik—
"þvíat ek skapa honum þat at hann skal eigi lifa lengr en kerti
þat brennr, er upp er tendrat hjá sveininum." Eptir þetta tók
hin ellri völvan kertit ok slökti, ok biðr móður mína varðveita ok
20 kveikja eigi fyrr en á síðasta degi lífs míns. Eptir þetta fóru
spákonur í brott, ok bundu hina ungu norn, ok hafa hana svá í
brott; ok gaf faðir minn þeim góðar gjafir at skilnaði. Þá er ek
var roskinn maðr, fær móðir mín mér kerti þetta til varðveizlu;
hefi ek þat nú með mér."

25 Konungr mælti, "Hví fórtu nú hingat til vár?" Gestr svarar,
"Þessu sveif mér í skap, ætlaða ek mik af yðr nökkura auðnu
hljóta mundu, þvíat þér hafið fyrir mér verit mjök lofaðir af
góðum mönnum ok vitrum." Konungr sagði, "Viltu nú taka
helga skírn?" Gestr svarar, "Þat vil ek gera at yðru ráði." Var

nú svá gert, ok tók konungr hann í kærleika við sik ok gerði 30
hann hirðmann sinn. Gestr varð trúmaðr mikill ok fylgði vel
konungs siðum; var hann ok vinsæll af mönnum.

Þat var einn dag at konungr spurði Gest, "Hversu lengi vildir
þú nú lifa ef þú réðir?" Gestr svarar, "Skamma stund heðan af,
ef Guð vildi þat." Konungr mælti, "Hvat mun líða ef þú tekr 35
nú kerti þitt?" Gestr tók nú kerti sitt ór hörpustokki sínum;
konungr bað þá kveikja, ok svá var gert.

Ok er kertit var tendrat, brann þat skjótt. Konungr spurði
Gest, "Hversu gamall maðr ertu?" Gestr svarar, "Nú hefi ek
þrjú hundruð vetra." "Allgamall ertu!" sagði konungr. Gestr 40
lagðist þá niðr: hann bað þá olea sik; þat lét konungr gera:
ok er þat var gert, var lítit óbrunnit af kertinu. Þat fundu menn
þá at leið at Gesti: var þat ok jafnskjótt, at brunnit var kertit
ok Gestr andaðist, ok þótti öllum merkiligt hans andlát. Þótti
konungi ok mikit mark at sögum hans ok þótti sannast um líf- 45
daga hans, svá sem hann sagði.

24. THE DEATH OF HALLFREÐR THE SATIRIST

From the *Hallfreðar Saga*, ch. 11. Events c. 1007. Hallfreðr, nicknamed
Vandræðaskáld ('the Satirist'), was one of the most famous Icelandic skalds
at the court of Óláfr Tryggvason, King of Norway (995-1000).

Hallfreðr var lengstum í ferðum, ok undi sér engu eptir fall Óláfs
konungs. Hann fór til Svíþjóðar at vitja Auðgils sonar síns
ok fjár síns; hann ætlaði þar at festast. Þá var Hallfreðr nær
fertugum manni, er hann ætlaði til Íslands at sœkja fé sitt:
Hallfreðr son hans var þá með honum; þeir höfðu útivist harða. 5
Hallfreðr jós at sínum hlut ok var þó sjúkr mjök. Ok einn dag
er hann gekk frá austri, settist hann niðr á ásinn, ok í því laust
áfall hann niðr í skipit ok ásinn ofan á hann....Þeir þóttust sjá
sótt á honum ok leiddu hann aptr eptir skipinu, ok bjuggu um
hann, ok spurðu hversu honum segði hugr um sik....Þá sá þeir 10
konu ganga eptir skipinu, hon var mikil ok í brynju; hon gekk
á bylgjum sem á landi. Hallfreðr leit til ok sá at þar var
fylgjukona hans. Hallfreðr mælti, "Í sundr segi ek öllu við þik."
Hon mælti, "Viltu, Þorvaldr, taka við mér?" Hann kvaðst eigi

80 TEXTS

15 vilja. þá mælti Hallfreðr ungi, "Ek vil taka við þér." Síðan
hvarf hon. þá mælti Hallfreðr, "Þér, son minn, vil ek gefa
sverðit konungsnaut, en aðra gripi skal leggja í kistu hjá mér,
ef ek öndumst hér á skipinu...."
Litlu síðarr andaðist hann, ok var í kistu lagðr ok gripir hans
20 með honum, skikkja, hjálmr ok hringr, ok skotit síðan fyrir borð
öllu saman. Kistan kom í Eyna Helgu í Suðreyjum ok fundu
sveinar ábóta. Þeir brutu upp kistuna ok stálu féinu ok söktu
líkinu í fen mikit. Ábóta dreymdi þegar um náttina at Óláfr
konungr kœmi at honum; hann var reiðuligr ok kvað hann illa
25 sveina eiga—"hafa þeir brotit skip skálds míns ok stolit fé
hans, en bundit stein við háls honum; nú haf þú sannar sögur af
þeim, ella munu yðr henda hver undr." Síðan váru sveinar
teknir ok gengu þeir við, ok var þeim gefit frelsi. Lík Hallfreðar
var flutt til kirkju ok var grafit virðuliga: kalekr var gerr af
30 hringinum, en altarisklæði af skikkjunni, en kertastikur ór
hjálminum.

25. THE NORSE DISCOVERY OF AMERICA

From the Þorfinns saga Karlsefnis (with cuts). Events c. 1020. Vinland was
first explored from Greenland by Leifr, the son of Eric the Red, about
the year 1002. Two years later Þorvaldr, another son of Eric, made the
same voyage but was killed by the natives. The next expedition, given
below, was not undertaken until eighteen years after this. The text is from
Antiquitates Americanae (Copenhagen, 1837), p. 168 ff.

Þeir Karlsefni ok Snorri bjuggu skip sitt ok ætluðu at leita
Vínlands um sumarit. Til þeirar ferðar réðust þeir Bjarni ok
Þórhallr með skip sitt, ok þat föruneyti er þeim hafði fylgt.
Maðr hét Þorvaldr; hann var mágr Eiríks rauða.
5 Þórhallr var kallaðr veiðimaðr ... Þórhallr var mikill vexti,
svartr ok þursligr: hann hafði lítt við trú blandazt síðan hon
kom á Grœnland. Þórhallr var lítt vinsældum horfinn, en þó
hafði Eiríkr lengi tal af honum haldit. Hann var á skipi með
þeim Þorvaldi því at honum var víða kunnigt í úbygðum.
10 Þeir höfðu þat skip er Þorbjörn hafði út þangat, ok réðust
til ferðar með þeim Karlsefni, ok váru þar flestir grœnlenzkir
menn á. Á skipum þeirra var fjórir tigir manna annars hundraðs.
Sigldu þeir undan landi, síðan til Vestribygðar ok til Bjarneyja.

Sigldu þeir þaðan undan Bjarneyjum norðanveðr. Váru þeir úti
tvau dœgr. Þá fundu þeir land ok reru fyrir á bátum ok könnuðu 15
landit, ok fundu þar hellur margar ok svá stórar, at tveir menn
máttu vel spyrnast í iljar. Melrakkar váru þar margir. Þeir
gáfu nafn landinu ok kölluðu Helluland. Þá sigldu þeir
norðanveðr tvau dœgr, ok var þá land fyrir þeim, ok var á skógr
mikill ok dýr mörg. Ey lá í landsuðr undan landinu, ok fundu 20
þeir þar bjarndýr ok kölluðu Bjarney, en landit kölluðu þeir
Markland þar er skógrinn var.

Þá er liðin váru tvau dœgr, sjá þeir land, ok þeir sigldu undir
landit. Þar var nes, er þeir kómu at. Þeir beittu með landinu,
ok létu landit á stjórnborða. Þar var örœfi ok strandir langar ok 25
sandar. Fara þeir á bátum til lands, ok fengu kjöl af skipi, ok
kölluðu þar Kjalarnes. Þeir gáfu ok nafn ströndunum, ok kölluðu
Furðustrandir, þvíat langt var með at sigla. Þá görðist vág-
skorit landit, ok heldu þeir skipunum at vágunum.

Þat var þá er Leifr var með Óláfi konungi Tryggvasyni ok 30
hann bað hann boða kristni á Grœnlandi, ok þá gaf konungr
honum tvá menn skotska, hét karlmaðrinn Haki en konan Hækja.
Konungr bað Leif taka til þessarra manna, ef hann þyrfti
skjótleiks við, þvíat þau váru dýrum skjótari. Þessa menn fengu
þeir Leifr ok Eiríkr til fylgðar við Karlsefni. 35

En er þeir höfðu siglt fyrir Furðustrandir, þá létu þeir ena
skotsku menn á land ok báðu þau hlaupa í suðrætt, ok leita
landskosta, ok koma aptr áðr þrjú dœgr væri liðin. Þau váru
svá búin at þau höfðu þat klæði er þau kölluðu 'biafal'; þat var
svá gört at höttrinn var á upp, ok opit at hliðum ok engar 40
ermar á, ok knept í milli fóta; hélt þar saman knappr ok nezla,
en ber váru þau annars staðar.

Þeir köstuðu akkerum, ok lágu þar þessa stund: ok er þrír
dagar váru liðnir, hljópu þau af landi ofan, ok hafði annat
þeirra í hendi vínber, en annat hveiti sjálfsáit. Sagði Karlsefni 45
at þau þóttust fundit hafa landskosti góða. Tóku þeir þau á skip
sitt, ok fóru leiðar sinnar, þar til er varð fjarðskorit. Þeir lögðu
skipunum inn á fjörðinn. Þar var ey ein út fyrir, ok váru þar
straumar miklir ok um eyna. Þeir kölluðu hana Straumsey; fugl
var þar svá margr at trautt mátti fœti niðr koma í milli eggjana. 50
Þeir heldu inn með firðinum, ok kölluðu hann Straumsfjörð,

ok báru farminn af skipunum, ok bjuggust þar um. Þeir höfðu
með sér alls konar fé ok leituðu sér þar landsnytja. Fjöll váru
þar, ok fagrt var þar um at litast. Þeir gáðu enskis nema at
55 kanna landit. Þar váru grös mikil.

Þar váru þeir um vetrinn, ok görðist vetr mikill, enn ekki
fyrir unnit, ok görðist illt til matarins, ok tókust af veiðarnar.
Þá fóru þeir út í eyna ok væntu at þar mundi gefa nökkut af
veiðum eða rekum. Þar var þó lítit til matfanga, en fé þeirra
60 varð þar vel. Síðan hétu þeir á Guð at hann sendi þeim nökkut
til matfanga, ok var eigi svá brátt við látit sem þeim var annt
til. Þórhallr hvarf á brott ok gengu menn at leita hans. Stóð
þat yfir þrjú dœgr í samt. Á hinu fjórða dœgri fundu þeir
Karlsefni ok Bjarni hann Þórhall á hamargnípu einni; hann
65 horfði í lopt upp, ok gapði hann bæði augum ok munni ok nösum
ok klóraði sér, ok klýpti sik, ok þulði nökkut. Þeir spurðu hví
hann væri þar kominn. Hann kvað þat öngu skipta, bað hann
þá ekki þat undrast; kveðst svá lengst lifat hafa at þeir þurftu
eigi ráð fyrir honum at göra. Þeir báðu hann fara heim með
70 sér. Hann görði svá. Lítlu síðarr kom þar hvalr, ok drifu menn
til ok skáru hann, en þó kendu menn eigi hvat hval þat var.
Karlsefni kunni mikla skyn á hvalnum, ok kendi hann þó eigi.
Þenna hval suðu matsveinar ok átu af ok varð þó öllum illt af.

Þá gengr Þórhallr at ok mælti, "Var eigi svá at hinn
75 rauðskeggjaði varð drjúgari en Kristr yðvarr? Þetta hafða ek nú
fyrir skáldskap minn, er ek orta um Þór fulltrúann; sjaldan hefir
hann mér brugðizt." Ok er menn vissu þetta, vildu engir nýta, ok
köstuðu fyrir björg ofan, ok sneru sínu máli til Guðs miskunnar.
Gaf þeim þá út at róa, ok skorti þá eigi birgðir um várit. Fara
80 þeir inn í Straumsfjörð, ok höfðu föng af hvárutveggja landinu,
veiðar af meginlandinu, eggver ok útróðra af sjónum....

Karlsefni fór suðr fyrir land ok Snorri ok Bjarni ok annat lið
þeirra. Þeir fóru lengi, ok til þess er þeir kómu at á þeirri, er
fell af landi ofan ok í vatn ok svá til sjóvar. Eyjar váru þar
85 miklar fyrir árósinum, ok mátti eigi komast inn í ána nema at
háflœðum. Sigldu þeir Karlsefni þá til áróssins ok kölluðu í
Hópi landit. Þar fundu þeir sjálfsána hveitiakra þar sem lægðir
váru, en vínviðr var alt þar sem holta kendi. Hverr lœkr var þar
fullr af fiskum. Þeir görðu þar grafir sem landit mœttist ok

flóðit gekk efst; ok er út fell, váru helgir fiskar í gröfunum. Þar 90
var mikill fjölði dýra á skógi með öllu móti.
Þeir váru þar hálfan mánað ok skemtu sér, ok urðu við ekki
varir. Fé sitt höfðu þeir með sér. Ok einn morginn snemma,
er þeir lituðust um, sá þeir níu húðkeipa ok var veift trjánum
af skipunum, ok lét því líkast í sem í hálmþústum ok ferr 95
sólarsinnis. Þá mælti Karlsefni, "Hvat mun þetta tákna?"
Snorri svarar honum, "Vera kann at þetta sé friðartákn ok
tökum skjöld hvítan ok berum í mót." Ok svá görðu þeir. Þá
reru hinir í mót, ok undruðust þá, ok gengu þeir á land. Þeir
váru smáir menn ok illiligir, ok illt höfðu þeir hár á höfði; eygðir 100
váru þeir mjök ok breiðir í kinnunum. Ok dvölðust þar um
stund ok undruðust. Reru síðan í brott ok suðr fyrir nesit.

26. THE LITTLE VÖLVA

From the *Þorfinns saga Karlsefnis*. Greenland was first colonized, about
985, by Eric the Red : the settlers were converted to Christianity, a few
years after the events of this extract, by Leifr, who was persuaded by
Óláfr Tryggvason to attempt the conversion of the colony (cf. Extr. 25,
l. 30). The text is from *Antiquitates Americanae*, p. 104 ff. (Hauksbók).

Í þenna tíma var hallæri mikit á Grœnlandi; höfðu menn fengit
lítit fang, þeir er í veiðiferðir höfðu farit, en sumir ekki aptr
komnir. Sú kona var þar í bygð, er Þorbjörg hét; hon var spákona,
ok var köllut lítil völva; hon hafði átt sér níu systr, ok váru
allar spákonur, en hon ein var þá á lífi. Þat var háttr Þorbjargar 5
um vetrum at hon fór at veizlum, ok buðu þeir menn henni mest
heim er forvitni var á at vita forlög sín eða árferð. Ok með því
at Þorkell var þar mestr bóndi, þá þótti til hans koma at vita,
nær létta mundi óárani þessu sem yfir stóð. Býðr Þorkell
spákonunni heim, ok er henni þar vel fagnat, sem siðr var til þá 10
er við þess háttar konum skyldi taka. Var henni búit hásæti,
ok lagt undir hana hœgindi, þar skyldi í vera hœnsna fiðri.

En er hon kom um kveldit ok sá maðr er móti henni var sendr,
þá var hon svá búin, at hon hafði yfir sér tuglamöttul blán ok var
settr steinum alt í skaut ofan; hon hafði á hálsi sér glertölur, ok 15
lambskinnskofra svartan á höfði ok við innan kattskinn hvít, ok
hon hafði staf í hendi, ok var á knappr; hann var búinn með
mersingu, ok settr steinum ofan um knappinn; hon hafði um

6-2

sik hnjóskulinda, ok var þar á skjóðupungr mikill, ok varðveitti
20 hon þar í taufr sín þau er hon þurfti til fróðleiks at hafa; hon
hafði á fótum kálfskinnsskúa loðna ok í þvengi langa ok á
tinknappar miklir á endunum; hon hafði á höndum sér katt-
skinnsglófa, ok váru hvítir innan ok loðnir. En er hon kom
inn, þótti öllum mönnum skylt at velja henni sœmiligar kveðjur:
25 hon tók því sem henni váru menn geðjaðir til. Tók Þorkell
bóndi í hönd henni ok leiddi hana til þess sætis sem henni var
búit. Þorkell bað hana þá áðr renna þar augum yfir hjú ok hjörð
ok svá híbýli. Hon var fámálug um alt. Borð váru upp tekin
um kveldit; ok er frá því at segja hvat spákonunni var matbúit.
30 Henni var gerr grautr á kiðjamjólk ok matbúin hjörtu ór öllum
kykvendum, þeim er þar váru til; hon hafði mersingarspón ok
kníf tannskeptan, tvíhólkaðan af eiri, ok var brotinn af oddrinn.
En er borð váru upp tekin, þá gengr Þorkell bóndi fyrir Þor-
björgu, ok spyrr hversu henni þykki þar um at litast, eða hversu
35 skapfeld henni eru þar híbýli eða hættir manna, eða hversu
fljótliga hon mun vís verða þess er hann hefir spurt hana ok
mönnum er mest forvitni at vita. Hon kallast ekki muni segja
fyrr en um morgininn eptir, er hon hafði áðr sofit um nóttina.
En um morgininn, at áliðnum degi, var henni veittr sá um-
40 búningr sem hon þurfti at hafa til at fremja seiðinn. Hon bað ok
fá sér konur þær er kunnu frœði þat sem til seiðsins þarf, ok
Varðlokkur hétu; en þær konur fundust eigi; þá var leitat at
um bœinn, ef nökkur kynni; þá segir Guðríðr, "Hvárki em ek
fjölkunnig né vísindakona, en þó kendi Halldís, fóstra mín,
45 mér á Íslandi þat kvæði er hon kallaði Varðlokkur." Þorkell
segir, "Þá ertu happfróð." Hon segir, "Þetta er þat eitt atferli,
er ek ætla í engum atbeina at vera, því at ek em kristin kona."
Þorbjörg segir, "Svá mætti verða at þú yrðir mönnum at liði hér
um, en þú værir þá kona ekki verri enn áðr; en við Þorkel mun
50 ek meta at fá þá hluti til, er hafa þarf." Þorkell herðir nú á
Guðríði, en hon kveðst gera mundu sem hann vildi. Slógu þá
konur hring um hjallinn, en Þorbjörg sat á uppi; kvað Guðríðr þá
kvæðit svá fagrt ok vel at engi þóttist heyrt hafa með fegri
rödd kvæði kveðit, sá er þar var hjá. Spákonan þakkar henni
55 kvæðit, ok kvað margar þær náttúrur nú til hafa sótt ok þykkja
fagrt at heyra, er kvæðit var svá vel flutt—"er áðr vildu við oss

skiljast ok enga hlýðni oss veita; en mér eru nú margir þeir
hlutir auðsýnir er áðr var ek dulið ok margir aðrir. En ek kann
þér þat at segja, Þorkell, at hallæri þetta mun ekki haldast lengr
en í vetr, ok mun batna árangr sem várar; sóttarfar þat sem á 60
hefir legit, mun ok batna vánu bráðara. En þér, Guðríðr, skal
ek launa í hönd liðsinni þat er oss hefir af þér staðit, því at þín
forlög eru mér nú allglöggsæ; þú munt gjaforð fá hér á
Grœnlandi, þat er sœmiligast er, þó at þér verði þat eigi til
langæðar, því at vegar þínir liggja út til Íslands, ok mun þar koma 65
frá þér bæði mikil ætt ok góð ok yfir þínum kynkvíslum skína
bjartari geislar en ek hafa megin til at geta slíkt vandliga sét—
enda far þú nú heil ok vel, dóttir."
Síðan gengu menn at vísindakonunni, ok frétti þá hverr þess
er mest forvitni var á at vita. Hon var ok góð af frásögnum; 70
gekk þat ok lítt í tauma er hon sagði. Þessu næst var komit
eptir henni af öðrum bœ; fór hon þá þangat. Þá var sent eptir
Þorbirni, því at hann vildi eigi heima vera, meðan slík hindrvitni
var framit. Veðrátta batnaði skjótt sem Þorbjörg hafði sagt.

27. TRADING IN AMERICA

From the Þorfinns saga Karlsefnis, chs. 10, 11. The 'Skrælings' have been
variously identified as Eskimo and as American Indians. See Nansen, In
Northern Mists, and Gathorne-Hardy, The Norse Discoverers of America,
pp. 172 ff. Text from Antiquitates Americanae, p. 149 ff. (Hauksbók).

Þeir Karlsefni höfðu gert búðir sínar upp frá vatninu, ok váru
sumir skálarnir nær vatninu, en sumir firr. Nú váru þeir þar
þann vetr; þar kom enginn snjór, ok alt gekk fé þeira sjálfala
fram. En er vára tók, sá þeir einn morgin snemma at fjöldi
húðkeipa reri sunnan fyrir nesit, svá mart sem kolum væri sát 5
fyrir Hópit; var þá ok veift af hverju skipi trjónum. Þeir
Karlsefni brugðu þá skjöldum upp, ok er þeir fundust, tóku þeir
kaupstefnu sín á milli, ok vildi þat fólk helzt hafa rautt skrúð;
þeir höfðu móti at gefa skinnavöru ok algrá skinn. Þeir vildu
ok kaupa sverð ok spjót, en þat bönnuðu þeir Karlsefni ok 10
Snorri. Þeir Skrælingar tóku spannarlangt rautt skrúð fyrir
úfölvan belg, ok bundu um höfuð sér. Gekk svá kaupstefna þeira
um hríð; þá tók at fættast skrúðit með þeim Karlsefni, ok skáru
þeir þá svá smátt í sundr, at eigi var breiðara enn þversfingrs ok
gáfu Skrælingar þó jafnmikit fyrir sem áðr eða meira. 15

Þat bar til, at griðungr hljóp ór skógi, er þeir Karlsefni áttu, ok gellr hátt; þetta fælast Skrælingar, ok hlaupa út á keipana, ok reru síðan suðr fyrir landit; verðr þá ekki vart við þá þrjár vikur í samt.

28. HALL OF THE SIDE AND S. MICHAEL

From the *Njáls Saga*, ch. 96. Although many settlers who came from the British Isles were Christians, the majority of the inhabitants of Iceland remained heathen until c. 1000 A.D. The Christian king, Olaf Tryggvason, made many unsuccessful attempts to induce Icelandic adventurers, who had been baptized at his court, to return as missionaries to their native land. In 997, the German priest Þangbrandr consented to go to Iceland, but his mission met with little success, in spite of the support of a few important men like Hall of the Side. In 1000, after much opposition, Christianity was established by law as the official religion of Iceland.

Þetta hit sama haust kom skip út austr í fjörðum í Berufirði, þar sem heitir Gautavík; hét Þangbrandr stýrimaðr, hann var sonr Vilbaldrs greifa ór Saxlandi. Þangbrandr var sendr út hingat af Óláfi konungi Tryggvasyni at bjóða trú rétta; með honum fór sá maðr
5　Íslenzkr er Guðleifr hét. Brœðr tveir bjoggu á Berunesi. Þeir lögðu til fund ok bönnuðu mönnum at eiga kaup við þessa menn.

Þetta spurði Hallr af Síðu; hann bjó at Þváttá í Álptafirði. Hann reið til skips við þrjá tigu manna. Hann ferr þegar á fund Þangbrands ok mælti til hans, "Hvárt ganga ekki mjök kaupin?"
10　Hann sagði at svá var. "Nú vil ek segja þér mitt erendi" segir Hallr, "at ek vil bjóða yðr öllum heim til mín ok hætta á hvárt ek geta kaup fyrir yðr."

Þangbrandr þakkaði honum ok fór til Þváttár. Um haustit var þat at Þangbrandr var úti einn morgin snimma ok lét skjóta
15　sér tjaldi ok söng messu í tjaldinu ok hafði mikit við, því at hátíð var mikil. Hallr mælti til Þangbrands, "Í hverja minning heldr þú þenna dag?" "Míchael engill á daginn," segir hann. "Hver rök fylgja engli þeim?" segir Hallr. "Mörg" segir Þangbrandr, "hann skal meta alt þat sem þú gerir bæði gott ok illt, ok er hann
20　svá miskunnsamr at hann metr alt þat meira sem vel er gört." Hallr mælti, "Eiga vilda ek hann mér at vin." "Þat munt þú mega" segir Þangbrandr "ok gefz þú honum þá í dag með Guði."

"Þat vil ek þá til skilja" segir Hallr, "at þú heitir mér því
fyrir hann at hann sé þá fylgjuengill minn." 25
"Því mun ek heita þér" segir Þangbrandr.
Tók Hallr þá skírn ok öll hjú hans.

29. EARLY CHURCH BUILDING

From the *Eyrbyggja Saga*, ch. 49.

Þat er nú því næst at Gizurr inn hvíti ok Hjalti, mágr hans,
kómu út með kristniboð, ok allir menn váru skírðir á Íslandi, ok
kristni var í lög tekinn á alþingi; ok flutti Snorri goði mest við
Vestfirðinga at við kristni væri tekit. Ok þegar er þingi var
lokit, lét Snorri goði gera kirkju at Helgafelli, en aðra Styrr, 5
mágr hans, undir Hrauni; ok hvatti menn þat mjök til kirkju-
gerðar, at þat var fyrirheit kennimanna at maðr skyldi jafnmörgum
mönnum eiga heimilt rúm í himinríki sem standa mætti í kirkju
þeiri er hann lét gera. Þóroddr skattkaupandi lét ok kirkju
gera á bœ sínum at Fróðá, en prestar urðu eigi til at veita tíðir 10
at kirkjum, þótt görvar væri, þvíat þeir váru fáir á Íslandi í þann
tíma.

30. GUNNARR'S WEDDING

From the *Njáls Saga*, ch. 34. See Du Chaillu, *The Viking Age*, vol. II,
ch. 1, for a full account of marriage ceremonies in Iceland. Gunnarr's
bride, Hallgerðr, the daughter of Höskuldr, had already been married
twice before. Her second husband was Glúmr, by whom she had a daughter
Þorgerðr (ll. 13, 27 ff.). Events c. 975.

Þráinn hét maðr; hann var Sigfúss son, Sighvatssonar hins rauða;
hann var frændi Gunnars ok virðingamaðr mikill. Hann átti
Þórhildi skáldkonu; hon var orðgífr mikit ok fór með flimtan;
Þráinn unni henni lítit. Honum var boðit til boðsins til Hlíðarenda,
ok skyldi kona hans ganga um beina ok Bergþóra Skarpheðins- 5
dóttir, kona Njáls. Ketill hét annarr Sigfúss son; hann átti
Þorgerði Njálsdóttur. Þorkell hét hinn þriði Sigfúss son, fjórði
Mörðr, fimmti Lambi, sétti Sigmundr, sjaundi Sigurðr; þessir váru
allir frændr Gunnars ok váru kappar miklir; þeim hafði Gunnarr
boðit öllum til boðsins. Gunnarr hafði ok boðit Valgarði hinum 10

grá ok Úlfi aurgoða ok sonum þeira, Rúnólfi ok Merði. Þeir
Höskuldr ok Hrútr kómu til boðsins fjölmennir; þar váru synir
Höskulds, Þorleikr ok Óláfr. Þar var brúðrin í för með þeim ok
Þorgerðr, dóttir hennar, ok var hon kvenna fríðust; hon var þá
15 fjórtán vetra gömul; mart var með henni annarra kvenna. Þar
var ok Þórhalla, dóttir Ásgríms, ok dœtr Njáls tvær, Þórgerðr ok
Helga.

Gunnarr hafði marga fyrirboðsmenn, ok skipaði hann svá sínum
mönnum: hann sat á miðjan bekk, en innar frá Þráinn Sigfússon,
20 þá Úlfr aurgoði, þá Valgarðr hinn grái, þá Mörðr ok Rúnólfr, þá
Sigfússynir; Lambi sat innstr. Hit næsta Gunnari útar frá sat
Njáll, þá Skarpheðinn, þá Helgi, þá Grímr, þá Höskuldr, þá Hafr
hinn spaki, þá Ingjaldr frá Keldum, þá synir Þóris austan ór
Holti. Þórir vildi sitja ýztr virðingamanna, því at þá þótti hver-
25 jum gott, þar sem sat. Höskuldr sat á miðjan bekk, en synir hans
innar frá honum. Hrútr sat útar frá Höskuldi; en þá er eigi
frá sagt, hversu öðrum var skipat. Brúðr sat á miðjum palli, en
til annarrar handar henni Þorgerðr dóttir hennar; á aðra hönd
sat Þórhalla, dóttir Ásgríms. Þórhildr gengr um beina, ok báru
30 þær Bergþóra mat á borð. Þráinn Sigfússon var starsýnn á
Þorgerði Glúmsdóttur; þetta sér kona hans Þórhildr; hon reiðiz
ok kveðr til hans kviðling:

Era gapríplar góðir
gægr er þér í augum.

35 "Þráinn!" segir hon. Hann steig þegar fram yfir borðit ok
nemndi sér vátta ok sagði skilit við Þórhildi,—"Vil ek eigi hafa
flimtan hennar né fáryrði yfir mér."

Ok svá var hann kappsamr of þetta, at hann vildi eigi vera at
veizlunni, nema hon væri í braut rekin. Ok þat varð at hon fór í
40 braut, ok nú sátu menn hverr í sínu rúmi ok drukku ok váru kátir.

Þá tók Þráinn til orða, "Ekki mun ek gera at launtali þat sem
mér býr í skapi; þess vil ek spyrja þik, Höskuldr Dalakollsson!
vill þú gipta mér Þorgerði, frændkonu þína?" "Eigi veit ek þat,"
sagði Höskuldr, "mér þykki þú lítt hafa við þessa skilit, er þú hefir
45 áðr átt; eða hverr maðr er hann, Gunnarr?" Hann svarar, "Eigi
vil ek frá segja, því at mér er maðrinn skyldr, ok seg þú frá,
Njáll! því munu allir trúa."

Njáll mælti: "Þat er frá manni at segja at maðr er vel auðigr

at fé ok görr at sér um alt ok hit mesta mikilmenni; ok meguð
ér fyrir því gera honum kostinn." Þá mælti Höskuldr, "Hvat 50
sýniz þér ráð, Hrútr frændi?" Hrútr svaraði, "Gera mátt þú fyrir
því kostinn at þetta er henni jafnræði."
Þá tala þeir um kaupin ok verða á alt sáttir. Stendr þá
Gunnarr upp ok Þráinn ok ganga at pallinum. Spurði Gunnarr
þær mœðgur, hvárt þær vildi játa þessum kaupum; þær kváðuz 55
eigi bregða mundu. Fastnaði Hallgerðr Þorgerði dóttur sína. Þá
var skipat konum í annat sinn; sat þá Þórhalla meðal brúða.
Ferr nú boðit vel fram. Gunnarr gaf mörgum góðar gjafar ok
virðiz þat vel. Hallgerðr tók við búráðum ok var fengsöm ok
atkvæðamikil. Þorgerðr tók við búráðum at Grjótá ok var góð 60
húsfreyja.

31. THE POET'S REWARD

From the *Gunnlaugssaga Ormstungu*, ch. 8. Events c. 1002. King Sig-
tryggr II, 'Silk-beard,' son of the famous Óláfr (Cuaran), became king of
Dublin in 988. See also Extr. 33.

Síðan siglir Gunnlaugr af Englandi með kaupmönnum norðr til
Dyflinnar. Þá réð fyrir Írlandi Sigtryggr konungr silkiskegg,
sonr Óláfs kvarans ok Kormlaðar dróttningar; hann hafði þá
skamma stund ráðit ríkinu. Gunnlaugr gekk þá fyrir konung ok
kvaddi hann vel ok virðuliga. Konungr tók honum sœmiliga. 5
Gunnlaugr mælti, "Kvæði hefi ek ort um yðr, ok vilda ek hljóð
fá." Konungr svarar, "Ekki hafa menn til þess orðit fyrri at
fœra mér kvæði, ok skal víst hlýða." Gunnlaugr kvað þá drápu,
ok er þetta stefit:

> Elr Sváru skæ 10
> Sigtryggr viþ hræ.

...Konungr þakkaði honum kvæðit ok kallaði til sín féhirði
sinn ok mælti svá, "Hverju skal launa kvæðit?" Hann svarar,
"Hverju vili þér, herra?" segir hann, "Hversu er launat," segir
konungr, "ef ek gef honum knörru tvá?" Féhirðirinn svarar, 15
"Ofmikit er þat, herra," segir hann, "aðrir konungar gefa at
bragarlaunum gripi góða, sverð góð eða gullhringa góða." Konungr
gaf honum klæði sín af nýju skallati, kyrtil hlaðbúinn ok skikkju
með ágætum skinnum, ok gullhring, er stóð mörk. Gunnlaugr

20 þakkaði honum vel ok dvaldist þar skamma stund ok fór þaðan til Orkneyja.

32. ÞÓRODDR "SCAT-CATCHER"

From the *Eyrbyggja Saga*, ch. 29. Events c. 984.

Þóroddr hét maðr, hann var ættaðr af Meðalfellsströnd, skilgóðr maðr; hann var farmaðr mikill ok átti skip í ferðum. Þóroddr hafði siglt kaupferð vestr til Írlands til Dyflinnar. Í þann tíma hafði Sigurðr jarl Hlöðvesson í Orkneyjum herjat til Suðreyja 5 ok alt vestr í Mön. Hann lagði gjald á Manarbygðina; ok er þeir höfðu sæzt, setti jarl eptir menn at bíða skattsins, en hann var mest goldinn í brendu silfri; en jarl sigldi þá undan norðr til Orkneyja.

En er þeir váru seglbúnir, er skattsins biðu, tóku þeir út-
10 sunnan veðr: ok er þeir höfðu siglt um stund, gekk veðr til landsuðrs ok austrs ok gerði storm mikinn, ok bar þá norðr um Írland, ok brutu þar skipit í spán við ey eina úbygða: ok er þeir váru þar at komnir, bar þar at þeim Þórodd Íslending, er hann sigldi ór Dyflinni. Jarlsmenn kölluðu á kaupmenn til
15 hjálpar sér. Þóroddr lét skjóta báti ok gekk þar á sjálfr. Ok er þeir fundust, hétu jarlsmenn á Þórodd til hjálpar sér ok buðu honum fé til at hann flytti þá heim til Orkneyja, á fund Sigurðar jarls, en Þóroddr þóttist þat eigi mega er hann var áðr búinn til Íslandsferðar. En þeir skoruðu á hann fast, því þeim þótti við
20 liggja fé sitt ok frelsi, at þeir væri eigi upp leiddir á Írland eða Suðreyjar, þar sem þeir höfðu áðr herjat. Ok svá kom at hann seldi þeim bátinn frá hafskipinu ok tók þar við mikinn hlut af skattinum. Heldu þeir síðan bátinum til Orkneyja, en Þóroddr sigldi bátlaust til Íslands ok kom sunnan at landinu:
25 helt hann síðan vestr fyrir ok sigldi inn á Breiðafjörð ok kom með heilu í Dögurðarnes, ok fóru um haustit til vistar hjá Snorra goða til Helgafells.

Hann var síðan kallaðr Þóroddr skattkaupandi; þetta var lítlu síðar eptir víg Þorbjarnar digra. Þann vetr var at Helgafelli
30 Þuríðr, systir Snorra goða, er Þorbjörn digri hafði átt. Lítlu eptir þat er Þóroddr kom út hafði hann uppi orð sín ok bað Snorra goða at hann gipti sér Þuríði, systur sína; en með því at hann var auðigr at fé, ok Snorri vissi góð skil á honum,

ok hann sá at hon þurfti mjök forvistu, við þetta alt saman sýndist Snorra goða at gipta honum konuna, ok veitti hann brúðkaup 35 þeira um vetrinn þar at Helgafelli. En um várit eptir tók Þóroddr við búi at Fróðá ok gerðist hann góðr bóndi ok skilríkr.

33. EVENTS BEFORE THE BATTLE OF CLONTARF

From the *Njáls Saga*, ch. 153. The Battle of Clontarf, which took place on Good Friday, 1014, was the outcome of the desire of Kormlöð, the widow of Óláfr Kvaran, to revenge herself on her second husband Brjánn (Brian Boromhe), king of Munster. The obligation to avenge the burning of Njál had devolved upon Kári ; it is in the course of his pursuit after Gunnarr Lambason that he comes to the court of Earl Sigurðr, in the Orkneys.

Sigurðr jarl bauð til sín at jólum Gilla jarli mági sínum ór Suðreyjum : hann átti Svanlaugu, systur Sigurðar jarls. Þá kom ok til Sigurðar konungr sá er Sigtryggr hét. Hann var af Írlandi; hann var sonr Óláfs kvarans, en móðir hans hét Kormlöð. Hon var allra kvenna fegrst ok bezt at sér orðin um þat alt er henni var 5 úsjálfrátt, en þat er mál manna at henni hafi alt verit illa gefit þat er henni var sjálfrátt. Brjánn hét konungr sá er hana hafði átta, ok váru þau þá skili; því at hann var allra konunga bezt at sér ; hann sat í Kunjáttaborg. Fóstri Brjáns konungs hét Kerþjálfaðr; hann var sonr Kylfis konungs, þess er margar 10 orrostur átti við Brján konung ok stökk ór landi fyrir honum ok settiz í steiu....

Ekki var Kormlöð móðir barna Brjáns konungs. En svá var hon orðin grimm Brjáni konungi eptir skilnað þeira, at hon vildi hann gjarna feigan. Brjánn konungr gaf upp þrysvar út- 15 lögum sínum hinar sömu sakar, en ef þeir misgerðu optar, þá lét hann dœma þá at lögum : ok má af slíku marka hvílíkr konungr hann hefir verit. Kormlöð eggjaði mjök Sigtrygg, son sinn, at drepa Brján konung. Sendi hon hann af því til Sigurðar jarls at biðja hann liðs. Kom Sigtryggr konungr fyrir jól til Orkneyja. 20 Þar kom þá ok Gilli jarl, sem fyrr var ritat.

Svá var mönnum skipat, at Sigtryggr konungr sat í miðju hásæti, en til sinnar handar konungi sat hvárr jarlanna. Sátu menn þeira Sigtryggs konungs ok Gilla jarls innar frá, en útar frá Sigurði jarli sat Flosi ok Þorsteinn Síðu-Hallsson, ok var 25 skipuð öll höllin. Sigtryggr konungr ok Gilli jarl vildu heyra tíðendi þau er görz höfðu um brennuna ok svá síðan er hon varð. Þá var fenginn til Gunnarr Lambason at segja söguna, ok var settr undir hann stóll.

30 Í þenna tíma kómu þeir Kári ok Kolbeinn ok Dagviðr hvíti til Hrosseyjar öllum á úvart, ok gengu upp þegar á land, en nökkurir menn gættu skips. Kári ok þeir félagar gengu upp til jarlsbœjarins ok kómu at höllinni um drykkju. Bar þat saman ok þá var Gunnarr at at segja söguna, en þeir Kári hlýddu til á

35 meðan úti. Þetta var jóladaginn sjálfan. Sigtryggr konungr spurði, "Hversu þolði Skarpheðinn í brennunni?" "Vel fyrst lengi," sagði Gunnarr, "en þó lauk svá at hann grét." Ok um allar sagnir hallaði hann mjök til en ló víða frá. Kári stóðz þetta eigi: hljóp hann þá inn með brugðnu sverðinu ok hjó á hálsinn Gunnari

40 Lambasyni ok svá snart at höfuðit fauk upp á borðit fyrir konunginn ok jarlana: urðu borðin í blóði einu ok svá klæðin jarlanna. Sigurðr jarl kenndi manninn, þann er vegit hafði vígit ok mælti, "Takið ér Kára ok drepið hann." Kári hafði verit hirðmaðr Sigurðar jarls ok var allra manna vinsælstr, ok stóð

45 engi upp at heldr, þó at jarl rœddi um.

Kári mælti, "Þat munu margir mæla, herra, at ek hafa þetta verk fyrir yðr unnit, at hefna hirðmanns yðvars."

Flosi mælti, "Ekki gerði Kári þetta um sakleysi, því at hann er í engum sættum við oss; gerði hann þat at sem hann átti."

50 Kári gekk í braut ok varð ekki eptir honum gengit; fór Kári til skips síns ok þeir félagar; var þá veðr gott; sigldu þeir suðr til Kataness ok fóru upp í Þrasvík til göfugs manns er Skeggi hét, ok váru með honum mjök lengi.

Þeir í Orkneyjum hreinsuðu borðin ok báru út hinn dauða.

55 Sigtryggr konungr mælti, "Þessi var herðimaðr mikill fyrir sér, er svá röskliga vann at ok sáz ekki fyrir." Sigurðr jarl svaraði, "Engum manni er Kári líkr í hvatleik sínum ok áræði."

Flosi tók nú til ok sagði söguna frá brennunni: bar hann öllum vel, ok var því trúat. Sigtryggr konungr vakti þá til um

60 erendi sín við Sigurð jarl ok bað hann fara til orrostu með sér í móti Brjáni konungi. Jarl var lengi erfiðr, en þar kom um síðir at hann gerði á kost. Mælti hann þat til at eiga móður hans ok vera síðan konungr á Írlandi, ef þeir feldi Brján. En allir löttu Sigurð jarl í at ganga, ok týði ekki; skildu þeir at því, at Sigurðr jarl

hét ferðinni en Sigtryggr konungr hét honum móður sinni ok 65
konungdómi. Var svá mælt at Sigurðr jarl skyldi kominn með her
sinn allan til Dyflinnar at pálmsunnudegi.

Fór Sigtryggr konungr þá suðr til Írlands ok sagði Kormlöðu,
móður sinni, at jarl hafði í gengit ok svá hvat hann hafði til unnit;
hon lét vel yfir því, en kvað þau þó skyldu draga at meira lið. Sig- 70
tryggr spurði hvaðan þess væri at ván. Hon sagði at víkingar tveir
lágu úti fyrir vestan Mön ok höfðu þrjá tigu skipa—"ok svá harð-
fengir at ekki stendr við: heitir annarr Óspakr, en annarr Bróðir.
Þú skalt fara til móts við þá, ok lát ekki at skorta at koma þeim
í með þér, hvat sem þeir mæla til."   75
Sigtryggr konungr ferr nú ok leitar víkinganna ok fann þá
fyrir útan Mön. Berr Sigtryggr konungr þegar upp erendi sín,
en Bróðir skarz undan, alt til þess er Sigtryggr konungr hét honum
konungdómi ok móður sinni. Ok skyldi þetta fara svá hljótt at
Sigurðr jarl yrði eigi víss: hann skyldi ok koma fyrir pálmsun- 80
nudag með her sinn til Dyflinnar.

Sigtryggr konungr fór heim til móður sinnar ok sagði henni
hvar þá var komit. Eptir þetta talaz þeir við Óspakr ok Bróðir;
sagði þá Bróðir Óspaki alla viðrœðu þeira Sigtryggs ok bað hann
fara til bardaga með sér í móti Brjáni konungi ok kvað sér mikit 85
við liggja. Óspakr kvaðz eigi vilja berjaz í móti svá góðum konungi.
Urðu þeir þá báðir reiðir ok skiptu þegar liði sínu; hafði Óspakr
tíu skip en Bróðir tuttugu. Óspakr var heiðinn ok allra manna
vitrastr: hann lagði skip sín inn á sundit, en Bróðir lá fyrir útan.
Bróðir hafði verit maðr kristinn ok messudjákn at vígslu, en 90
hann hafði kastat trú sinni ok gerðiz guðníðingr ok blótaði nú
heiðnar vættir, ok var allra manna fjölkunnigastr. Hann hafði
herbúnað þann er eigi bitu járn: hann var bæði mikill ok sterkr
ok hafði hár svá mikit at hann drap undir belti sér; þat var
svart.   95

34. THE BATTLE OF CLONTARF
From the *Njáls Saga*, chs. 155 (end)–156.

Þeir Óspakr fóru þá út ór firðinum ok svá vestr til Írlands, ok
léttu eigi fyrr en þeir kómu til Kunnjátta, ok sagði Óspakr
Brjáni konungi alt þat er hann var víss orðinn, ok tók skírn ok
fal sik konungi á hendi. Síðan lét Brjánn konungr samna liði um

5 alt ríki sitt, ok skyldi kominn herrinn allr til Dyflinnar í vikunni
fyrir pálmdróttinsdag. Sigurðr jarl Hlöðvisson bjóz af Orkneyjum. Flosi bauð at fara
með honum; jarl vildi þat eigi....Flosi bauð fimmtán menn af liði
sínu til ferðarinnar en jarl þekktiz þat, en Flosi fór með Gilla jarli
10 í Suðreyjar.

Þorsteinn Síðu-Hallsson fór með Sigurði jarli, Hrafn hinn
rauði, Erlingr af Straumey. Sigurðr jarl kom með allan her sinn at
pálmadegi til Dyflinnar; þar var kominn Bróðir með sínu liði.
Bróðir reyndi til með forneskju hversu ganga myndi orrostan,
15 en svá gekk fréttin, ef á föstudegi væri bariz at Brjánn konungr
myndi falla ok hafa sigr, en ef fyrr væri bariz þá myndi þeir allir
falla er í móti honum væri. Þá sagði Bróðir at föstudaginn skyldi
berjaz. Fimmta daginn reið maðr at þeim Kormlöðu á apalgrám
hesti ok hafði í hendi pálstaf; hann talaði lengi við þau Bróður
20 ok Kormlöðu.

Brjánn konungr var kominn með allan her sinn til borgarinnar.
Föstudaginn fór út herrinn allr af borginni ok var fylkt liðinu
hvárutveggja. Bróðir var í annan armfylkingar, en í annan Sig-
tryggr konungr. Sigurðr jarl var í miðju liðinu. Nú er at segja
25 frá Brjáni konungi at hann vildi eigi berjaz föstudaginn, ok var
skotit um hann skjaldborg ok fylkt þar liðinu fyrir framan. Úlfr
hræða var í þann fylkingararminn, sem Bróðir var til móts, en
í annan fylkingararm var Óspakr ok synir Brjáns konungs þar er
Sigtryggr var í móti, en í miðri fylkingunni var Kerþjálfaðr, ok
30 váru fyrir honum borin merkin....

Sigurðr jarl átti harðan bardaga við Kerþjálfað. Kerþjálfaðr
gekk svá fast fram at hann felldi þá alla er fremstir váru; rauf
hann fylking Sigurðar jarls alt at merkinu ok drap merkis-
manninn. Fekk jarl þá til annan mann at bera merkit. Varð þá
35 enn orrosta hörð. Kerþjálfaðr hjó þenna þegar banahöggvi ok
hvern at öðrum, þá er í nánd váru. Sigurðr jarl kvaddi þá til
Þorstein Síðu-Hallsson at bera merkit. Þorsteinn ætlaði upp at
taka merkit. Þá mælti Ámundi hvíti, "Ber þú eigi merkit, Þor-
steinn! því at þeir eru allir drepnir, er þat bera."
40 "Hrafn hinn rauði!" sagði jarl "ber þú merkit." Hrafn svaraði
"Ber þú sjálfr fjánda þinn." Jarl mælti "Þat mun vera makligast
at fari alt saman karl ok kýll."

Tók hann þá merkit af stönginni ok kom í millum klæða sinna. Lítlu síðar var veginn Ámundi hvíti. Þá var ok Sigurðr jarl skotinn spjóti í gegnum. Óspakr hafði gengit um allan fylkin- 45 gararminn; hann var orðinn sárr mjök en látit sonu Brjáns báða áðr. Sigtryggr konungr flýði fyrir honum. Brast þá flótti í öllu liðinu. Þorsteinn Síðu-Hallsson nam staðar, þá er flýðu aðrir, ok batt skóþveng sinn. Þá spurði Kerþjálfaðr hví hann rynni eigi. "Því," sagði Þorsteinn "at ek tek eigi heim í kveld, þar sem ek á 50 heima út á Íslandi." Kerþjálfaðr gaf honum grið. Hrafn hinn rauði var eltr út á á nökkura; hann þóttiz þar sjá helvítiskvalar í niðri ok þótti honum djöflar vilja draga sik til.

Hrafn mælti þá "Runnit hefir hundr þinn, Pétr postoli! til Róms tysvar ok myndi renna hit þriðja sinn ef þú leyfðir." Þá 55 létu djöflar hann lausan, ok komz hann þá yfir ána....

Föstumorgininn varð sá atburðr á Katanesi, at maðr sá, er Dörruðr hét, gekk út; hann sá at menn riðu tólf saman til dyngju einnar ok hurfu þar allir: hann gekk til dyngjunnar. Hann sá í glugg, er á var, ok sá at þar váru konur inni ok höfðu fœrðan 60 upp vef; mannahöfuð váru fyrir kljána, en þarmar ór mönnum fyrir viptu ok garn, sverð var fyrir skeið, en ör fyrir hræl. Þær kváðu vísur þessar....

[Here follows the *Darraðarljóð*.]

Rifu þær þá ofan vefinn ok í sundr, ok hafði hver þat er helt á. Gekk Dörruðr nú í braut frá glugginum ok heim, en þær stigu 65 á hesta sína ok riðu sex í suðr, en aðrar sex í norðr.

35. THE RAVEN BANNER

From the *Flateyjarbók: The Saga of Olaf Tryggvason*, ch. 186. The *A.-S. Chron.* (878 E) contains an interesting notice of the capture of a raven banner from a brother of Ívarr the Boneless, in Devonshire. ["Þar wæs se guðfana genumen þe hi ræfen heton."] The account of the magical properties of this banner as given in the *Annals of St Neot* bears a striking resemblance to the description below of Sigurðr's banner. [See for text Earle and Plummer, *Two Saxon Chronicles Parallel*, II, p. 93.] Sigurðr was killed at the Battle of Clontarf, 1014 (see Extracts 32, 33, 34).

Hlöðvir tók jarldóm eptir Ljót, ok var mikill höfðingi. Hann átti Auðnu dóttur Kjarvals Írakonungs. Þeira sonr var Sigurðr

digri. Hlöðvir varð sóttdauðr ok er heygðr í Höfn á Katanesi.
Sigurðr sonr hans tók jarldom eptir hann. Hann varð höfðingi
5 mikill ok víðlendr. Hann helt með valdi Katanes fyrir Skotum
ok hafði hvert sumar her úti: hann herjaði í Suðreyjar, á
Skotland ok Írland. Þat var á einu sumri at Finnleikr, Skota jarl,
haslaði Sigurði völl á Skiðamýri at nefndum degi. En Sigurðr
gekk til fréttar við móður sína, hon var margkunnig. Jarl sagði
10 henni at eigi mundi minni liðsmunr en vii menn um einn. Hon
svarar, 'Ek munda þik hafa lengi upp fœtt í ulllaupi mínum ef
ek vissa at þú mundir einart lifa; ok ræðr auðna lífi en eigi hvar
maðr er kominn; betr er at deyja með sœmð en lifa með skömm.
Tak þú hér við merki því er ek hefir gört af allri minni kunnáttu,
15 ok vænti ek at sigrsælt mun verða þeim er fyrir er borit, en
banvænt þeim er berr." Merkit var gört af miklum hannyrðum
ok ágætligum hagleik. Þat var gört í hrafns mynd ok þá er
vindr blés í merkit þá var sem hrafn beindi fluginn. Sigurðr
jarl varð reiðr mjök við orð móður sinnar ok gaf Orkneyingum
20 óðul sín til liðveizlu, ok fór til Finnleiks jarls á Skiðamýri ok
fylktu hvárirtveggja liði sínu. Ok þá er orrostan sé saman var
skotinn merkismaðr Sigurðar jarls til bana. Jarl kvaddi annan
mann til at bera merkit ok þá er barizt var um hríð fell sá: iii
fellu merkismenn jarls en hann hafði sigr, ok fengu þá Orkney-
25 ingar óðul sin.

36a. SNORRI STURLUSON'S AUTHORITIES

From the *Heimskringla: Prologue.*

Með Haraldi konungi váru skáld, ok kunna menn enn kvæði
þeira ok allra konunga kvæði þeira er síðan hafa verit at Noregi.
Ok tökum vér þar mest dœmi af því er sagt er í þeim kvæðum
er kveðin váru fyrir sjálfum höfðingjunum eða sonum þeira:
5 tökum vér þat alt fyrir satt er í þeim kvæðum finnst um ferðir
þeira eða orrostur. En þat er háttr skálda at lofa þann mest er
þá eru þeir fyrir, en engi mundi þat þora, at segja sjálfum
honum þau verk hans, er allir þeir er heyrði vissi at hégómi
væri ok skrök, ok svá sjálfr hann; þat væri þá háð en eigi lof.

36b. HARALD HARDRADA AND THE ICELANDER

From the *Fornmanna Sögur: Haralds saga Harðráða*, ch. 99. Harold
Hardrada, killed at Stamford Bridge in 1066, was the most brilliant general
of his age: at one time he was in the service of the Greek emperor at
Constantinople, and warred in Sicily and N. Africa. He was king of Norway
from 1047 to 1066.

Svá bar til á einu sumri at einn íslenzkr maðr ungr ok fráligr,
en þó félauss, kom til Haralds konungs ok bað hann ásjá; konungr
spurði ef hann kynni nökkura frœði; hann lézt kunna nökkurar
sögur. Konungr mælti, "Ek mun taka við þér, svá at þú skalt
vera með hirð minni í vetr, ok skemta ávalt, er menn vilja, hverr 5
sem þik biðr"; ok svá gerði hann, aflaði hann sér skjótt vinsælda
af hirðinni ok gáfu þeir honum klæði, en konungr sjálfr gaf
honum gott vápn í hönd sér. Leið nú svá fram til jóla, þá
úgladdist Íslendingr; konungr fann þat, ok spurði hvat til bæri
úgleði hans; hann kvað koma til mislyndi sína. "Ekki mun svá 10
vera" segir konungr, "ok mun ek geta til; þat er ætlan mín at
nú muni uppi sögur þínar, þvíat þú hefir jafnan skemt hverjum
sem beitt hefir í vetr, ok löngum bæði nætr ok daga; nú mun
þér illt þykkja at þrjóti sögurnar at jólunum, en þú mundir vilja
segja eigi hinar sömu." "Rétt er svá sem þú getr," segir hann, 15
"sú ein er sagan eptir, er ek þori eigi hér at segja, þvíat þat er
útfararsaga yður." Konungr mælti, "Sú er ok svá sagan at mér
er mest forvitni á at heyra; skaltu nú ekki skemta framan til
jólanna, er menn eru í starfi miklu, en jóladag hinn fyrsta skaltu
upp hefja þessa sögu, ok segja af spöl nokkurn, þá eru drykkjur 20
miklar, ok má þá sitja skömmum við at hlýða skemtaninni; mun
ek svá stilla til með þér at jafndrjúg verði sagan ok jólin, ok
ekki muntu á mér finna, meðan þú segir söguna, hvárt mér
þykkir vel eðr illa." Þetta fór svá at Íslendingr hóf upp söguna
jóladaginn fyrsta, ok sagði eigi lengi áðr konungr bað hætta; 25
tóku menn þá umtal mikit um skemtanina, mæltu sumir at þat
væri Íslendingi djörfung at segja þessa sögu, eðr hversu konungi
mundi líka; sumum þótti hann vel segja, en sumum fannst
minna um. Konungr var vandr at at vel væri til hlýtt; stóðst
þat ok á með tilstilli konungs, at jólin þraut ok lokit var sögunni. 30
Ok hinn þrettánda dag mælti konungr, "Er þér eigi forvitni á,

Íslendingr," segir hann, "hversu mér líkar sagan?" "Hræddr em
ek þar um, herra," segir hann. Konungr mælti, "Mér þykkir
allvel sögð, ok hvergi vikit frá því sem efni stóð til; eðr hverr
35 kendi þér?" Hann svarar, "Þat var vandi minn, út þar á Íslandi,
at ek fór hvert sumar til þings, ok nam ek hvert sumar nökkut
af sögunni, er Halldór sagði Snorrason." "Þá er eigi undarligt"
segir konungr, "at þú kunnir vel, er þú hefir af honum numit,
ok heldr mun þessi saga þér at gagni verða; skaltu með mér
40 velkominn hvern tíma er þú vill með mér vera." Var hann með
konungi um vetrinn, en um várit fekk konungr honum góðan
kaupeyri, ok varð hann síðan þrifnaðarmaðr.

37. HARALD HARDRADA IN CLEVELAND

From the *Hemings þáttr*, ch. 19.

Nú er þar til at taka, at Haraldr konungr siglir á haf með her
sinn; kom hann fyrst til Orkneyja, ok lét þar eptir Máríu dóttur
sína ok mart fólk annat. Þaðan siglir konungr til Englands, ok
kómu at Skarðaborg. Þá fell veðrit í logn, ok lágu þeir þar um
5 nóttina. Menn vöknuðu við þat er kveðit var í lopti; ok þótti
hverjum sem yfir sínu skipi væri. Allir líta í loptit, ok sá eina
trollkonu ríða vargi í loptinu. Hon hafði trog í knjám sér, fullt
með blóði ok manna lima.
Konungr spurði Tosta hvárt hann vakir. Tosti svarar, "Vaknat
10 hefi ek nú við ljóðan þessa." Konungr mælti, "Þykki þér nokkurs
vert um þetta?" "Engis" segir Tosti. "Þá ertu dauðr í hjartanu,"
segir konungr, "þvíat ek hefi í mörgum bardögum verit, ok sá
ek aldri fyrr slíkar bendingar." Þeir taka land, ok ganga þar upp
sem Kliflönd heita. Konungr spyrr Tosta, "Hvat heitir hæð sú
15 er þar er norðr á landit?" Tosti segir, "Eigi er hverri hæð nafn
gefit." Konungr segir, "Nafn mun þó þessi eiga, ok skaltu segja
mér." Tosti segir, "Þat er haugr Ívars beinlausa." Konungr svarar,
"Fáir hafa þeir sigrat England er at hans haugi hafa fyrst komit."
Tosti segir, "Forneskja er nú at trúa slíku."

38. AN EMIGRANT TO ICELAND

From the *Landnáma. Hauksbók*, ch. 314.

Úlfr gylðir hét hersir ríkr í Noregi á Þelamörk. Hann bjó á
Fíflavöllum í Tinnsdal. Hans son var Ásgrímr faðir þeira
Þorsteins ok Þorlaugar. Þorkatla hét móðir þeira er hringja
var kölluð. Haraldr konungr hinn hárfagri sendi Þórorm frænda
sinn ór Þrumu af Ögðum at heimta skatt af Ásgrími sem konungr 5
bauð honum, en hann galt eigi, því at hann hafði sent konungi
litlu áðr hest gauzkan ok silfr mikit, ok sagði þat gjöf skyldu
en eigi gjald, því at hann hafði aldri áðr skatt goldit. Aptr sendi
konungr féit ok vildi eigi þiggja. Þorkatla kona Ásgríms fœddi
sveinbarn. Ásgrímr bað út bera. Þræll hvatti gref sá er honum 10
skyldi gröf grafa, en sveinninn var lagðr niðr á gólf. Þá heyrðiz
þeim öllum sem sveinninn kvæði þetta:

> Láti mög til móður,
> mér er kalt á gólfi.
> hvar muni sveinn en sœmri,   15
> en at síns föður örnum?
> þarfat járn at eggja,
> né jarðarmen skerða;
> léttið ljótu verki,
> lifa munk enn með mönnum.   20

Síðan var sveinninn vatni ausinn ok kallaðr Þorsteinn. En er
Þórormr kom annat sinn at heimta skatt, kvaddi Ásgrímr þings
ok spurði bœndr ef þeir vildi greiða konungi slíkan skatt sem
beitz var. Þeir báðu hann svara fyrir sik, en vildu þó eigi
greiða. Þingit var við skóg, ok er þá varði minnst hljóp fram 25
þræll Þórorms at Ásgrími ok drap hann. Bœndr drápu hann
þegar. Þorsteinn var þá í hernaði ok er hann spurði víg föður
síns seldi hann jarðir sínar til silfrs ok bjóz til Íslands ór
Grenmar fyrir austan Líðandisnes, ok áðr hann fœri brendi
Þorsteinn Þórorm í Þrumu inni ok hefndi föður síns. Þorgeirr hét 30
bróðir hans. Hann var þá x vetra er Þórormr lét drepa föður
þeira. Hann fór til Íslands með Þorsteini ok Þórunn móður
systir þeira ok nam Þórunnar hálsa ok bygði þar síðan. Þorsteinn
kom í Rangáróss ok nam land at ráði Flosa fyrir ofan Víkings

35 læk ok út til móts við Svínhaga-Björn, ok bjó í Skarði enu
eystra. Um hans daga kom skip þat í Rangárós er sótt var á
mikil ok vildi engi við þeim taka, en Þorsteinn fór eptir þeim ok
gerði þeim tjaldbúð þar sem nú heitir Tjaldarstaðir ok þjónaði
þeim þar sjálfr meðan þeir lifðu, en þeir dó allir. Hann var síðan
40 kallaðr Þorsteinn tjaldstœðingr. En sá þeira er lengst lifði fal
gull ok silfr ok gróf niðr svá at þat hefir engi fundit síðan.
Þorsteinn átti fyrr Þuríði Gunnarsdóttur Hámundarsonar.

39. TRYGGÐAMÁL

From the *Grágás*, ed. V. Finsen, I, pp. 205 f., § 115.

Sakar váru á milli þeirra N.N. ok N.N., en nú eru þær settar
ok fé bœttar sem metendr mátu ok teljendr töldu ok dómr
dœmði ok þiggjendr þágu ok þaðan báru með fé fullu, ok
framkomnum eyri þeim í hönd selt er hafa skyldi. Þit skuluð
5 vera menn sáttir ok samværir at öldri ok at áti, á þingi ok á
þjóðstefnu, at kirkna sókn ok í konungs húsi, ok hvervetna þess
er manna fundir verða þá skulu þit svá samsáttir sem aldrigi
hœfiz þetta ykkar á meðal. Þit skuluð deila kníf ok kjötstykki
ok alla hluti ykkar í milli sem frændr en eigi sem fjándr. Ef
10 sakar geraz síðan á milli þeirra annat en þat er vel er, þat skal
fé bœta en eigi flein rjóða. En sá ykkar er gengr á görvar sættir
eða vegr á veittar tryggðir, þá skal hann svá víða vargr rækr ok
rekinn sem menn víðast varga reka, kristnir menn kirkjur sœkja,
heiðnir menn hof blóta, eldr upp brennr, jörð grœr, mögr móður
15 kallar, aldir elda kynda, skip skríðr, skildir blíkja, sól skínn, snæ
leggr, Finnr skríðr, fura vex, valr flýgr várlangan dag—stendr
honum byrr beinn undir báða vængi—himinn hverfr, heimr er
bygðr, vindr þýtr, vötn til sævar falla, karlar korni sá. Hann
skal firraz kirkjur ok kristna menn, Guðs hús ok guma, heim
20 hvern nema helvíti. Nú haldið þit báðir á bók einni, enda liggr
nú fé á bók er N.N. bœtir fyrir sik ok sinn erfingja, alinn ok
óborinn, getinn ok ógetinn, nefndan ok ónefndan. N.N. tekr
tryggðir en N.N. veitir, ævintryggðir: þær æ skulu haldaz
meðan mold er ok menn lifa. Nú er þeir N.N. ok N.N. sáttir
25 ok sammála hvar sem þeir hittaz á landi eða legi, skipi eða á

skíði, í hafi eða á hests baki, árar miðla eða austskotu, þoptu eða
þilju ef þarfar geraz, jafnsáttr hvárr við annan sem faðir við
son, eða sonr við föður í samförum öllum. Nú leggja þeir hendr
sínar saman: N.N. ok N.N., haldið vel tryggðir, at vilja Krists ok
allra manna þeirra er nú heyrðu tryggðamál. Hafi sá hylli Guðs 30
er heldr tryggðir, en sá reiði er rýfr réttar tryggðir, en hylli sá
er heldr. Hafið heilir sætz. En vér sém váttar er við erum
staddir.

40. VALTARI AND HILDIGUNDR

From the *þiðrekssaga*, chs. 241–244. This is the N. German version of the story
of the Anglo-Saxon poem *Waldhere*. See Bruce Dickins, *Runic and Heroic Poems*,
pp. 37 ff. [The words from this extract are not included in the Glossary.]

Attila konungr af Súsa var bæði ríkr ok fjölmennr, ok vann mörg ríki.
Hann leggr vingan við Erminrik konung er þá réð Púli. Þessir tveir
konungar leggja vingan sín á meðal, svá at Attila konungr sendir Erminrik
konungi sinn frænda Ósíð með tólf riddara. Erminrikr konungr sendir í gegn
Valtara af Vaskasteini, sinn systurson með tólf riddurum. Þá var Valtari 5
tólf vetra.

Þar dvalðisk hann sjau vetr. Tveim vetrum síðarr kom þar Hildigundr,
dóttir Ílías jarls af Gréka, ok var send at gísling Attila konungi. Þá var
hon sjau vetra gömul. Þessir enir ungu menn unnusk mikit, ok veit þat þó
eigi Attila konungr.   10

Þat er einn dag at veizla rík er í grasgarði Attila konungs ok danz ríkr,
ok þá helt Valtari í hönd Hildigundi. Þau talask við marga hluti, ok þat
grunar engi maðr.

Nú mælti Valtari, "Hvé lengi skaltu vera ambátt Erka dróttningar? Ok
væri betr fallit attu fœrir heim með oss til várra frænda."   15

Hon mælti, "Herra, eigi skaltu spotta mik, þó at ek sé eigi hjá mínum
frændum."

Nú svarar Valtari, "Frú, þú ert dóttir Ílías jarls af Gréka, en ek em
systurson Erminriks konungs af Rómaborg, ok annarr er minn frændi
Þíðrikr konungr af Bern. Ok hví skal ek þjóna Attila konungi? Gör svá 20
vel, far heim með mér, ok svá sem ek em þér hollr svá sé guð mér hollr!"

Þá svarar hon, "Þegar ek veit þinn vilja at sönnu, þá skaltu ok vita mik
ok minn vilja. Þá var ek fjogurra vetra gömul, er ek sá þik et fyrsta sinni,
ok unna ek þér þegar svá mikit at engum hlut í veröldu meirra. Ok fara
vil ek með þér þangat er þú vilt."   25

Þá svarar Valtari, "Ef svá er sem þú segir, þá kom þú á morgin, er sól
rennr upp, til ens yzta borgarhliðs, ok haf svá mikit gull með þér sem þú
mátt mest bera á annarri hendi þinni, fyrir því at þú veizt allar féhirzlur
Erka dróttningar, frændkonu þinnar." Ok hon segir svá vera skulu.

30 Ok nú verðr Attila konungr ekki varr við þetta ráð, fyrr en Valtari
hefir út riðit af Súsam, ok með honum Hildigundr. Ok höfðu nú mikit fé
í gulli. Ok þau riðu út af borginni, ok engi var þeirra svá góðr vinr at þau
trýði til þessa at vita sína ferð.

Ok nú verðr við varr Attila konungr at Valtari er brot riðinn ok
35 Hildigundr, ok nú biðr hann sína menn tólf ríða eptir þeim—"ok skuluð
aptr hafa fé þat alt er brot er tekit, ok svá höfuð Valtara." Ok af þessum
var einn maðr Högni, son Aldrian konungs. Ok nú ríða þessir tólf riddarar
eptir þeim skyndilega, ok sjá nú hvárir annarra reið.

Nú hleypr Valtari af sínum hesti með mikilli kurteisi ok hreysti ok
40 tekr ofan sína frú Hildigundi ok þeirra gersimar. Nú hleypr hann á sinn
hest, ok setr sinn hjálm á höfuð sér, ok snýr fram sínum glaðil.

Nú mælti Hildigundr við sinn sœta hláfarð, "Herra, harmr er þat, er þú
skalt einn berjask við tólf riddara. Ríð heldr undan ok forða þínu lífi!"

"Frú," segir hann, "grát eigi! Sét hefi ek fyrr hjálma klofna, skjöldu
45 skipta, brynjur sundraðar ok menn steypask af sínum hestum höfuðlausa ;
ok alt þetta hefi ek gört minni hendi, ok ekki er mér þetta ofrefli."

Ok nú ríðr hann í móti þeim. Verðr nú mikill bardagi, ok fyrr er myrkt
af nótt en lokit sé víginu. En Valtari er nú sárr mjök, ok drepit hefir hann
nú ellifu riddara ; en Högni komsk undan ok komsk í skóg. En Valtari
50 hittir nú sína frú, ok búask þar um við skóginn. Valtari slær þá eld við
tinnu ok görir þar mikinn eld, ok þar við steikir hann eitt beysti villigaltar.
Ok nú matask þau síðan ok lúka eigi fyrr en alt er af beinunum. Nú snýr
Högni ór skóginum ok til eldsins er Valtari sat hjá, ok hyggr at hann skal
drepa hann, ok bregðr nú sverði.

55 Hildigundr mælti til Valtara, "Vara þik! Hér ferr nú einn af þínum
óvinum, er þú barðisk víð í dag."

Ok nú tekr hann upp beystit villigaltarins, er af var etit, ok kastar at
Högna, ok lýstr svá mikit högg at þegar fellr hann til jarðar, ok kom á hans
kinn, svá at þegar rifnaði holdit ok út sprakk augat. Ok nú stendr hann
60 upp skjótt á fœtr ok hleypr á sinn hest ok ríðr við þetta heim til Súsam ok
segir Attila konungi um sína ferð. Valtari stígr nú á bak, ok ríða þau suðr
um fjall á fund Erminriks konungs, ok segir honum nú alt af sínum
ferðum.

Ok þó fá þeir Attila konungr haldit sínu vinfengi með fégjöfum, er
65 Erminrikr konungr gaf Attila konungi.

POETRY

41. ÞRYMSKVIÐA

From the *Poetic Edda*. The fear of the giants for Thor's hammer is apparent from the following, *Gylfaginning*, ch. 21: "Einn (kostgripr) er hamarrin Mjöllnir er hrímþursar ok bergrisar kenna, þá er hann kemr á lopt: ok er þat eigi undarligt, hann hefir lamit margan haus á feðrum eða frændum þeira." The metre (known as *fornyrðislag*) is the counterpart of that used in Anglo-Saxon poetry; its use dates from very early times. For convenience of reference I have followed Vigfusson and Powell and Sweet in numbering the lines.

Reiðr var þá Ving-Þórr   er hann vaknaði
ok síns hamars   of saknaði:
skegg nam at hrista   skör nam at dýja
réð Jarðar burr   um at þreifaz.

Ok hann þat orða   alls fyrst of kvað: 5
"heyrðu nú, Loki!   hvat ek nú mæli,
er engi veit   jarðar hvergi
né upphimins,   áss er stolinn hamri."

Gengu þeir fagra   Freyju túna,
ok hann þat orða   alls fyrst of kvað: 10
"muntu mér, Freyja!   fjaðrhams ljá
ef ek minn hamar   mættak hitta?"

Freyja kvað:

"Þó mundak gefa þér   þótt ór gulli væri,
ok þó selja   at væri ór silfri."   15

Fló þá Loki,   fjaðrhamr dunði,
unz fyr útan kom   ása garða
ok fyr innan kom   jötna heima.

Þrymr sat á haugi,   þursa dróttinn,
greyjum sínum   gullbönd snöri   20
ok mörum sínum   mön jafnaði.

Þrymr kvað:

"Hvat er með ásum?   hvat er með álfum?
hví ertu einn kominn   í Jötunheima?"

25   Loki kvað:

"Illt er með ásum   illt er með álfum;
hefir þú Hlórriða   hamar of fólginn?"

                       Þrymr kvað:

"Ek hefi Hlórriða   hamar of fólginn
30 átta röstum   fyr jörð neðan;
hann engi maðr   aptr of heimtir
nema fœri mér   Freyju at kván."

Fló þá Loki,   fjaðrhamr dunði,
unz fyr útan kom   jötna heima
35 ok fyr innan kom   ása garða;
mœtti hann Þór   miðra garða,
ok hann þat orða   alls fyrst of kvað:

"Hefir þú örindi   sem erfiði?
segðu á lopti   löng tíðendi!
40 opt sitjanda   sögur of fallaz,
ok liggjandi   lygi of bellir."

                       Loki kvað:

"Hefik erfiði   ok örindi:
Þrymr hefir þinn hamar, þursa dróttinn;
45 hann engi maðr   aptr of heimtir,
nema honum fœri   Freyju at kván."

Ganga þeir fagra   Freyju at hitta,
ok hann þat orða   alls fyrst of kvað:
"bittu þik, Freyja,   brúðar líni!
50 vit skulum aka tvau í Jötunheima."

Reið varð þá Freyja   ok fnasaði,
allr ása salr   undir bifðiz,
stökk þat it mikla   men Brísinga:
"mik veiztu verða   vergjarnasta
55 ef ek ek með þér   í Jötunheima."

Senn váru æsir   allir á þingi
ok ásynjur   allar á máli,
ok of þat réðu   ríkir tívar,
hvé þeir Hlórriða   hamar of sœtti.

Þá kvað þat Heimdallr,   hvítastr ása   60
—vissi hann vel fram   sem Vanir aðrir—
"bindum vér Þor þá   brúðar líni,
hafi hann it mikla   men Brísinga!

Látum und honum   hrynja lukla
ok kvennváðir   of kné falla,   65
en á brjósti   breiða steina,
ok hagliga   of höfuð typpum!"

Þá kvað þat Þórr,   þrúðugr áss:
"mik munu æsir   argan kalla
ef ek bindaz læt   brúðar líni."   70

Þá kvað þat Loki,   Laufeyjar sonr:
"þegi þú, Þórr!   þeira orða;
þegar munu jötnar   Ásgarð búa,
nema þú þinn hamar   þér of heimtir.

Bundu þeir Þór þá   brúðar líni   75
ok enu mikla   meni Brísinga.
Létu und honum   hrynja lukla
ok kvennváðir   of kné falla,
en á brjósti   breiða steina,
ok hagliga   of höfuð typðu.   80

Þá kvað þat (þat) Loki,   Laufeyjar sonr:
"mun ek ok með þér   ambátt vera,
vit skulum aka tvær   í Jötunheima."

Senn váru hafrar   heim of reknir,
skyndir at sköklum,   skyldu vel renna: 85
björg brotnuðu,   brann jörð loga,
ók Óðins sonr   í Jötunheima.

Þá kvað þat Þrymr,   þursa dróttinn:
"standið upp, jötnar!   ok stráið bekki!
nú fœra mér   Freyju at kván.   90
Njarðar dóttur,   ór Nóatúnum.

Ganga hér at garði   gullhyrndar kýr,
öxn alsvartir   jötni at gamni;
fjölð á ek meiðma,   fjölð á ek menja,
einnar mér Freyju   ávant þykkir."   95

Var þar at kveldi   of komit snimma
ok fyr jötna   öl fram borit;
einn át oxa   átta laxa,
krásir allar,   þær er konur skyldu,
100   drakk Sifjar verr   sáld þrjú mjaðar.

Þá kvað þat Þrymr,   þursa dróttinn:
"hvar sáttu brúðir   bíta hvassara?
sákak brúðir   bíta breiðara
né enn meira mjöð   mey of drekka."

105   Sat in alsnotra   ambátt fyrir,
er orð of fann   við jötuns máli,
"át vætr Freyja   átta náttum
svá var hon óðfús   í Jötunheima.

Laut und línu,   lysti at kyssa,
110   en hann útan stökk   endlangan sal:
"hví eru öndótt   augu Freyju?
þykki mér ór augum   eldr of brenna."

Sat in alsnotra   ambátt fyrir
er orð of fann   við jötuns máli:
115   "svaf vætr Freyja   átta náttum,
svá var hon óðfús   í Jötunheima.'

Inn kom in arma   jötna systir,
hin er brúðfjár   biðja þorði:
"láttu þér af höndum   hringa rauða,
120   ef þú öðlaz vill   ástir mínar,
ástir mínar,   alla hylli!"

Þá kvað þat Þrymr,   þursa dróttinn,
"berið inn hamar   brúði at vígja,
leggið Mjöllni   í meyjar kné
125   vígið okkr saman   Várar hendi!"

Hló Hlórriða   hugr í brjósti,
er harðhugaðr   hamar of þekði;
Þrym drap hann fyrstan,   þursa dróttin,
ok ætt jötuns   alla lamði.

Drap hann ina öldnu   jötna systur,   130
hin er brúðfjár   of beðit hafði;
hon skell of hlaut   fyr skillinga,
en högg hamars   fyr hringa fjölð.
Svá kom Óðins sonr   endr at hamri.

42. A STANZA OF EGILL SKALLAGRÍMSSON

From the *Egils saga Skallagrímssonar*, ch. 55. Egill's brother, Þórólfr, had
been killed fighting for Æthelstan: Egill sits at the feast very downcast
until the king presents him with a gold ring, whereupon he recites the
following lines. [The glosses on the words will be found in the Notes.]

Hrammtangar lætr hanga
hrynvirgil mér brynju
Höðr á hauki troðnum
heiðis vingameiði.
Rauðmeldrs kná ek reiða   5
ræðr gunnvala bræðir
gelgju seiðs á galga
geirveðrs, lofi at meira.

43. A RIDDLE

From the *Hervarar Saga*. For a translation of all the riddles of Gestum-
blindi see Kershaw, *Stories and Ballads of the Far Past*, pp. 115 ff.

Gestumblindi mælti:

"Fjórir ganga,   fjórir hanga,
tveir veg vísa,   tveir hundum verja,
einn eptir drallar   ok optast óhreinn.
Heiðrekr konungr   hyggðu at gátu!"

"Góð er gáta þín,   Gestumblindi.   5
Getit er þeirar:
Þat er kýr: hón hefir fjóra fœtr ok fjóra spena, tvau horn ok
tvau augu, en halinn drallar eptir."

NOTES

6.

Translation: Morris and Magnússon, *The Heimskringla*, vol. I. pp. 22 f. [*The Saga Library*, vol. 3.]

6. *Fróða friðr*, 'the peace of Fróði.' For an account of the times of the mythical peace-king Fróði, see *Prose Edda: Skáldskaparmál*, ch. 43, and Saxo Grammaticus, *Danish History* (transl. O. Elton), where he is probably the Frothi of Bk. v. Upsala was famous, throughout the Viking Age, as the centre of the cult of the god Freyr: for an account of the festivals and sacrifices held there see Adam of Bremen, *Gesta*, IV. 26. (Cf. Chadwick, *Origin of the English Nation*, pp. 230–268.)

7. *því meir...sem*, lit. 'by so much the more...in proportion as.' *því* D. of *þat*, used w. cmpr. *meir*.

20. *veraldargoð*: cf. Chadwick, *op. cit.*, p. 244.

7.

Translation: *Ibid.* p. 40.

2. *skeið*: a warship of the *langskip* type, and built for speed; the largest *skeið* mentioned in the sagas (*Saga of Óláfr Tryggvason*, ch. 105) carried about 240 men.

8.

Translation: *Ibid.* pp. 49 f.

14. *á Vænis ísi*: i.e. Lake Wener. See Chambers, *Beowulf: An Introduction*, p. 342, for a discussion of the related passage in *Beowulf*, ll. 2391 ff.

20. *Aðils konungr...*: Jordanes, *De origine actibusque Getarum* III, also notices the delight of the Swedes in good horses.

21. *dísarsalinn*: see Extr. 22, l. 86, for note on *dísir*. *Svíar* = the Swedes.

9a.

Translation: Chambers, *Beowulf: An Introduction*, p. 144, and Du Chaillu, *The Viking Age*, I. 437.

11. *en fé ferr eptir því sem auðnar*, lit. 'but the cattle shall fare according to what luck decides'; i.e. we will take our chance with the cattle. *auðna* is used impers.

14. Note use of the historic present in the following lines.

15. *ok kallaði...bana*, 'and declared it would be the death of him.'

23. *Böðvarr eggjar...*, 'B. tugs hard at the sword, it moves in the scabbard, and now he is able to wrench the scabbard, so that the sword comes out of the sheath.' *fá* is here used with p.p. (*brugðit*), in sense of 'to be able.'

10.

Translation (part of): Chadwick, *Cult of Othin*, p. 68 (cf. pp. 3–4).

3. *Hörðaland*, round the Hardanger Fiord in Norway. Cf. *Anglo-Saxon Chronicle*, 787 E, where it is recorded that the first Viking raid on England was made by three ships from *Hereðaland*, i.e. Hörðaland.

15. Cf. *Gylfaginning*, ch. 20: " there are twelve gods," and *ibid*. ch. 14: " in the beginning Odin appointed rulers to help him to decide the fates of men...this was at the place called Iðavöllr: there they made first a sanctuary (*hof*), wherein stand their 12 seats, the principal seat is Odin's." The name *Iða-völlr* (cf. G. *Wald*) suggests that this, too, had originally been a forest-clearing. Cf. Tacitus, *Germania*, ch. 7; Adam of Bremen, *loc. cit.*

23. *niðingsverk* : cf. *Þáttr af Nornagesti*, ch. 7 : " we heard that Starkaðr had committed a foul murder, slaying King Ali in his bath." (See Saxo, *op. cit.*, pp. 314 ff.)

50. *göra nökkura minning blótsins,* 'to carry out a semblance of the sacrifice': i.e. in form only.

57 ff. See Chadwick, *Cult of Othin*, pp. 3, 8, 19.

11.

Translation: Morris and Magnússon, *The Ere Dwellers*, pp. 6 ff. [*The Saga Library*, vol. 2] ; and Du Chaillu, *op. cit.*, I. 361 f.

30. *þótti þeim...seinna*, lit. 'and it seemed to them that they moved not slower than was expected,' i.e. they travelled quicker than was natural. *seinna* neut. cmpr. of *seinn*, used adverbially.

40. *útan frá...inn til*, 'from the direction of the open sea, beginning at the mouth of the river Stafá, up the fiord, as far as the mouth of the river Þórsá.' Breiðifjörðr lay E. and W., with the open sea to the W., so Þ.'s direction was W. to E.

49. *tvítögeyringr*, i.e. weighing 20 *aurar* or 'ores.' The *eyrir* (pl. *aurar*) was a weight of silver of about 1 oz. ; in the plural the word generally means 'money.' The word is derived from the Lat. *aureus*, a name for the Roman 'solidus' : the *eyrir* seems to have been the silver equivalent of the Roman gold coin. In Norse money 3 *örtug*=1 *eyrir*, 8 *aurar*=1 *mörk*.

51. *hleyt-bolli* (*-teinn*), from *hlaut*. Other texts have *hlaut-bolli*, etc.

12.

Translation: D. Ellwood, *The Book of the Settlement of Iceland* (published at Kendal, 1898), pp. 62 ff.

7. *Katanes...*, i.e. Caithness, Sutherland, Ross and Moray: *Færeyjar* (l. 13) the Faroe Islands.

9. For a full account of this battle see J. Anderson, *Orkneyinga Saga*, in an appendix giving transl. from *Saga of Olaf Tryggvason* (Flat.), ch. 180. See also Collingwood, *Scandinavian Britain*, p. 248.

29. *hörgr,* some kind of sanctuary built either of wood or stone. In *Gylfaginning,* ch. 14, the word is used for the sanctuary of the goddesses; the sanctuary of the gods is called a *hof.* The word *hörgr* is cognate with O.H.G. *haruc,* 'grove'; A.S. *hearh,* 'shrine.' Cf. *Beowulf,* l. 3072.

30. Cf. for a similar belief the previous extract, ll. 63–4 and 75 ff.

13.

Translation: M. Press, *Laxdæla Saga,* pp. 10 ff. (*The Temple Classics.*)

6. *at þú munir...þitt,* 'you must make up your mind (to settle down).'

12. *því at...búa,* 'for I expect this will be the last (wedding)-feast I shall ever get ready.'

22. *Eyfirðingar,* the people from Eyjafirth, on N. coast.

23. *Elli sótti...,* 'old age was creeping fast on U.'

25–26. *þess á milli...var klædd. á milli* (prep.) governs *þess* and *hins* in G., each is explained by an *er...* clause: i.e. 'between the time (*þess*) when she went to bed at night, and the time (*hins*) she got up.'

43. *fundust...orð um,* 'men expressed their opinion that....'

49. *Þótti mönnum mikils um vert,* 'men were much impressed....'

14.

Translation: Morris and Magnússon, *Heimskringla,* vol. 1. [*The Saga Library,* vol. 3.]

2. *óðal,* 'patrimony'; 'land held by one family for several generations'; the word is cognate with A.S. *eðel.* The land which had been private property was now seized by Harold and the owners reinstated as tenants of the king. Cf. *Orkneyinga Saga* (trans. Anderson), p. 207, and Extract 35, l. 25. The plural form is *óðul.*

bóndi was the term used for a man who owned land and stock; his status corresponded more or less to that of the English farmer or yeoman of the last century. These harsh measures of Harold led to the emigration to Iceland and the Western Isles of a great many *bœndr* who refused to surrender their independence.

11. The district of Þrándheimr had, as yet, not been conquered by Harold.

20. *við...mann;* i.e. with eleven others.

21. For this custom of sitting on barrows see Extract 41, l. 9, and Du Chaillu, *op. cit.,* I. pp. 493–4.

27. The gift of weapons by a 'lord' to his 'man' seems to have been customary among Teutonic peoples from early times: in the event of the retainer's death the armour was sent back to the lord. Cf. Chadwick, *The Heroic Age,* p. 374.

32. *leiðangr,* 'a levy of ships, money and men for a sea expedition.' *hafa l. úti,* 'to make a sea expedition.'

36. *vestr um haf;* the usual expression in O.N. for the British Isles.

37. *Hjaltland,* i.e. Shetland: *Mön* (l. 42), the Isle of Man.

47. Earl Rögnvaldr of Möre was Harold's greatest friend and supporter. According to Norse tradition he was the father of Hrólfr of Normandy, the ancestor of William the Conqueror.

52. Cf. note on Extr. 12, l. 9.

63. For Harold's vow cf. the *Saga of Harold*, ch. 4: " I swear this oath that I will not wash my hair or comb it, until I am master over all Norway."

15.

Translation : D. Ellwood, *op. cit.*, pp. 141–2.

2. *Írakonungs*, King of the Irish. *Suðreyjar*, Sodor, lit. 'the south Isles'; i.e. from the point of view of Norwegian vikings, coming round N. of Scotland ; used in O.N. for the Hebrides.

16. Cf. Extr. 11, ll. 39 ff.

16.

Translation : W. C. Green, *The Story of Egil Skallagrimsson.* (Elliot Stock, London, 1893.) pp. 125 ff.

2. Egill had retired to Iceland after escaping with his life from King Eric Bloodaxe in Norway : a few years before the events narrated here, he had married Ásgerðr, the widow of his brother Þórólfr.

14. *þá byrjaði...seint,* 'it was rather a long time before a favourable breeze arose.' *Tók...hausta,* 'autumn was coming on.'

18–19. *Fengu...England,* 'they weathered Scotland, and so sailed southwards past England.' N.B. *norð,* 'north'; *norðan,* 'from the N.,' i.e. S.

20. *grunnföll...fyrir. fyrir* to be taken with *váru; vera f.,* 'be in one's way': i.e. 'breakers were in their way, both seawards and ahead (*fram*); there was nothing for it but to run the ship ashore.'

22. *við Humru mynni,* 'at Humber mouth.'

44. *it ljósasta,* 'as clearly as he could.'

65. *Bar honum....* Impers. use of *bera* + D. of person ; 'he was under no compulsion to undertake this journey.' For *séð* (l. 62) see § 67.

73. *at ein hver...skulu,* 'that any one of them would easily merit your not getting away alive; you cannot expect anything else but immediate death.'

79. *hvar...?* lit. 'where could men know of such treatment meted out to a king ?' i.e. 'whoever heard of a king putting up with...?' *viti* is Subj., after *hvar.*

89. *væntu vér,* i.e. *væntum vér,* the -m is often lost before the *v-* of the following *vér.*

91. *þá líti þér á þat,* 'you must bear in mind the fact.'

99. *áðr létti...,* impers. 'before it stopped': i.e. 'before the end of the interview.' *hamingja skipta...*'fortune will now decide the upshot': the *hamingja* was the guardian spirit of the individual, and the word is almost synonymous with the term *fylgja,* cf. Extrs. 24, 28.

102. *drápa.* A laudatory poem with a refrain (cf. Extr. 31): *tvítug,* 'twenty stanzas in length.' Egill's poem has two refrains: the first couplet occurs in stanzas 6 and 9, the second in stanzas 12 and 15.

104. *þá er...konungs,* 'when he incurred the wrath of Björn the Swedish king.' The poet Bragi Boddason was the father of Arinbjörn's grandmother. Björn must therefore have lived about 830–50, and was probably the king whom S. Ansgar met on his first missionary visit to Sweden (c. 830). The tempting identification of Björn with Björn Ironside, a son of Ragnarr Loðbrók (one of Bragi's poems is called the *Ragnarsdrápa*) would, in that case, be impossible because of the chronology : B. Ironside fl. c. 860.

108. *en...konung,* 'I never dreamt I should ever compose a panegyric on King E.'

113. *hvat þá líði um kvæðit,* 'how the poem was getting on.'

117–8. *settist* from *setjast* : *setit* from *sitja.*

134. *at ek...sparat...,* 'I have left no stone unturned....'

137. *lendirmenn.* The *lendrmaðr* was the successor of the *hersir* of King Harold's time. See Extr. 14, and *Egilssaga,* ch. 55 (end) on Þórir hersir.

138. *þvíat þú...gert,* 'because you have bestowed many great favours upon me.'

148. *þó,* lit. 'yet' : here it is not used in any adversative sense ; translate 'for.'

161. *þá skal...frásagnarverð,* 'I will give him an opportunity of making this a story worth recording.'

166. *Mundi...af yðr,* 'I should have expected different treatment from you.'

177. *um mál várt Egils,* 'about the case between Egill and myself.' *várt* is the neut. of the poss. prn. *várr,* 'our,' agreeing with *mál.*

17.

Translations: Du Chaillu, *op. cit.,* II. p. 467, and Morris and Magnússon, *The Saga Library,* vol. III. p. 153. See also Kershaw, *Anglo-Saxon and Norse Poems,* pp. 93 ff., for a discussion of the battle, and for the text and transl. of the anonymous *Eiríksmál,* composed in memory of Eric.

6. The saga is fairly accurate, but this may be a late interpolation: Athelstan succeeded Edward probably in 925, and died Oct. 27, 939.

8. *var honum...Norðmenn,* 'he did not like Norwegians.'

16. *suðr undir England,* i.e. from Wales, south, and along the English Channel. *Bretland,* i.e. Wales.

25. *snýr...Norðmönnum. snýr* (3 pers. pres. of *snúa*) used impers. + D. (*mannfallinu*): 'the fight turned against the N.'

27. Cf. *Eiríksmál,* str. 8. Eric reaches Valhöll, and declares "There are five kings here : I will make known to thee the names of all. I am the sixth myself." According to Matthew Paris, Hárekr (Haericus) was Eric's son, and Rögnvaldr (Reginaldus) Eric's brother.

18.

Translations : Kershaw, *Anglo-Saxon and Norse Poems*, p. 130 ; Du Chaillu, *op. cit.*, II. pp. 414 ff. [For text and transl. of the *Sonatorrek* see Kershaw, *op. cit.*]

12. *Gerði...verða*, 'the sea ran high in the fiord, as it often does there.' *lauk*, pret. of *lúka*, used impers.: *skaut* (l. 14) is also impers. (<*skjóta*) with the noun in the D. (*líkunum*).

14. *eptir um daginn*, 'later in the day.'

16. *Þann dag*, 'that same day.'

32. *skjóta hesti undir*, 'despatch on horse-back.'

37. *þau*: i.e. Þorgerðr and her attendant. Cf. § 57 Note.

41. *fyrr en at Freyju*, 'before I sup with Freyja,' i.e. 'before I die.' This is the only reference in the sagas to Freyja's connection with the dead. In Grímnismál, st. 14 (cf. *Gylfaginning*, ch. 24) it is stated that when she rides to battle she receives half of the slain, the other half goes to Odin.

43. N.B. *lúka upp*, in O.N., means 'to open': 'to shut' is *lúka aptr*.

49. *Hvat er nú...?* 'what are you doing ?'

53. *Hvat man varða?* see Gloss., the expression comes to mean 'I don't care,' 'just as you like.'

55. *Slíkt...etr*, 'it is always so with those who eat samphire.'

62. *rísta á kefli* ; the most usual expression in the sagas for writing on wood in letters of the Runic alphabet. For an account of the Runic alphabet and its use, see Dickins, *Runic and Heroic Poems*, pp. 1 ff., and *Cambridge History of English Literature*, vol. I. ch. 2.

19.

Translation : Du Chaillu, *op. cit.*, I. p. 399.

3. *um annat*, 'in other respects.' *þótti...bygð*, 'people disliked his neighbourhood' (lit. 'thought it full of great evils ').

13. *safnaði...sakir*, 'Þ. summoned men together ; he wanted to lead the expedition in person, so as to have plenty of men' [he could summon them as he was goði]. *fyrir sakir*, used as prep.+G. (*mannfjölda*), 'for the sake of.'

15. *austmaðr* ; the usual name in the Brit. Isles and Iceland for a man from Scandinavia. Cf. Extr. 15, l. 3.

22. *lézt*, § 74 (c).

35. *þvíat...vera*, lit. 'because more stuff has he (put on) for fuel than can well agree with him to remain inside.'

40. *húsunum*. N.B. plu. Each room in the Icelandic house may be regarded as a separate building.

45. *varð...nærgætr*, 'Þ. guessed right.' *fór með reyknum*, 'he went off in a cloud of smoke.'

54. *en þat...hann*, 'but there will be this satisfaction that Þ.'s money will serve to pay the Norwegian's wergild.' *bóta*, G. pl. of *bót*, 'compensation' ; lit. 'this will be (in the way) of compensations.' *bœta* is the weak verb

formed from *bót*, and is used here in the technical sense of 'to pay as atonement.' It would be necessary for Þ. to compensate the Norwegian's relatives for his death.

20.

Translation: Coles, *Summer Travelling in Iceland*, pp. 230 f.; Du Chaillu, *op. cit.*, I. pp. 351–2. See also pp. 351–3 for other examples of the worship of the god Freyr in Iceland.

5. *goðorð*: the name of the office held by the *goði*. Cf. Extr. 11. The settler who possessed a temple acted as the *goði*, i.e. 'priest,' of his district and also as its judicial head. There was no limit to the number of *goðar* in early times; any new settler, like Hrafnkell, who was wealthy and powerful enough, was at liberty to erect a temple to his own god. In 964, however, the number of the *goðorð* was limited to 39. After the introduction of Christianity, the office lost its religious character, but the name was preserved, and the *goði* continued to act as the local magistrate.

12. *riði*: Pret. Subj.

21.

Translation: Morris and Magnússon, *Heimskringla*, vol. I. p. 208.

22.

Translation: R. M. Fleming, *Round the World in Folk Tales*, pp. 34 ff. (London, 1922); Vigfusson and Powell, *Origines Islandicae*, vol. I. pp. 417–9.

2. *Hákon Sigurðarson*: Earl of Lade, and ruler of Norway 975–995.

10. *fór...til*, 'travelled abroad (lit. from country to country—a term often used of merchants) as soon as he was old enough': *landa*, G. plu., after *í milli*.

19. *kom út*: i.e. from Norway to Iceland.

27. *heldr berr hitt til...*, 'the reason is rather that....'

28. *ok hefir...sjálfr*, 'and he has many qualities to merit this, although he himself is very unassuming.'

31. *þó at...atgervi*, 'although all men do not praise his accomplishments to your face.' The sense is 'the more men praise your son now, the more you will feel his death, and that in itself will be hard enough for you to bear.'

44. *þá er...því*, 'there is nothing to prevent us giving up the feast because of this.'

47. *vetrnóttum*: cf. Extr. 5, ll. 8 ff., for an account of the institution of the three most important festivals of the Scandinavian year. The festival at 'winter nights' (*í móti vetri til árs*) took place in October, and was probably a New Year festival—if the Scandinavian year was counted as beginning in the autumn. The readiness of Hallr to kill the ox, Spámaðr (l. 37), may be partly explained by the fact that it was customary to kill off all superfluous cattle at this feast, before the winter set in.

54. *þau rjúfast ekki*, 'his words are never without significance. *þaʋ* refers back to *orð* in the sentence in indirect speech.

ok er um heilt bezt at búa, 'it is best to dress a sound (limb)'; prevention better than cure.

57. *skipaði Þ....sína*, 'Þ. gave up his own bed to the guests.' *í sæti yztr við þili*; the bedrooms in the Icelandic hall were usually at the far end of the hall away from the entrance, and shut off from the main body of the hall by partitions. Þ. goes to sleep at the gable end (*þili*) near the door. Cf. V. Guðmundssen, *Privatboligen på Island i Sagatiden*, p. 220.

58. *þá var kvatt dyra*, 'there was a knock at the door'; *dyrr* is plu. in O.N., and is here in G., *kveðja*, 'to call,' taking G. of thing and A. of person.

70. *en þá...fyrr*, 'but the women were quicker'; impers. constr., *konurnar* is A.

86. *afhendir frændr*; cf. phrase *segja sér afhendan*, 'to give one up' (as client, companion, etc.) : 'that you and your kin would sever your connection with them.' The *dísir* in black are the guardian spirits of Hall's ancestors, who come to claim his son, Þ., as tribute (*skatt*) due to them before Christianity comes to Iceland. The *dísir* in white seem to favour the new religion. The *dísir* have much in common with the *fylgjur*, see Extrs. 24 ; 8, l. 21. Cf. also *Reginsmál*, str. 24.

90. *er* refers back to *frændr*, *er* (l. 91) to *sið*; *þeira*, *þær*, i.e. the *dísir* in white.

92. *En Halli...síns*, 'but H. took Þ.'s death much to heart.' Halli is D. after *þykkja*.

99. *hvert kvikindi* : these creatures were presumably the *landvættir* ('spirits of the land'). They are leaving the neighbourhood before the arrival of Þangbrandr, the Christian missionary (see Extr. 28). The *fardagar* were strictly four days in spring, corresponding to our quarter day.

23.

Translation: Kershaw, *Stories and Ballads of the Far Past*, pp. 35 ff. Text from Flateyjarbók, with occasional readings from other MSS. (A and S : cf. Rafn, I. pp. 340 ff.; Wilken, *Die pros. Edda*, etc. Paderborn, 1877, pp. 259 ff.).

2. *var ríkr...herbergi sín*, 'was a wealthy man and kept house in great style.'

13. *eptir slíkum...verðar*, lit. 'about such prophecies, which were of such great importance.' *verðar*, 'worth,' is adj.+G. (*mikils*); it is N. plu. fem., referring back to *spám* (D. plu.), a fem. noun.

15. *kallar hon*. N.B. use of historic present in places in this Extr. *þvíat* : the sudden use of direct after indirect speech is very common.

43. *þat* : explained by the two clauses *at brunnit var kertit* and *ok Gestr andaðist*.

24.

Translation: Du Chaillu, *op. cit.*, I. pp. 415–6.

1. *undi sér engu,* 'couldn't settle down.' *engu* is D., after *undi.*

fall Óláfs, King Óláfr was defeated by Earl Eric, the son of Hákon the Bad, at the sea battle of Svöldr, 1000. He was believed to have been drowned in the battle.

6. *Hallfreðr...hlut,* 'H. took his turn at the baling.' *niðr í skipit,* 'down into the hold.'

8. *þeir þóttust...um sik,* 'they could see he was injured so they carried him aft along the ship, and made up a bed for him there and asked how he felt.'

13. *fylgjukona*; the *fylgja* is the guardian spirit of the individual, corresponding in character to the 'genius' of the Romans. There are numerous examples of the appearance of *fylgjur* in the sagas, but most often in animal form. [Cf. *Njáls S.*, cap. 41.] Cf. Extrs. 22, 28.

25. *skip skálds míns*: i.e. his coffin.

25.

Translations: Du Chaillu, *op. cit.*, II. pp. 529–30. Gathorne-Hardy, *The Norse Discoverers of America* (Oxford 1921), pp. 55 ff. [see also the rest of this work for discussion of voyages, chronology (pp. 135 ff.), etc.].

3. *er þeim...fylgt*: i.e. from Iceland. Björn and Þórhallr left Iceland for Greenland the same summer as Karlsefni and Snorri: their crew numbered about 40 men.

6. *trú*: i.e. the Christian faith: 'he had had little to do with the Christian faith since it came to Greenland': *hon = trú.*

7. *en þó...haldit,* 'but Eirík (the Red) had long been in the habit of asking his advice.'

12. *fjórir...hundraðs,* lit. 'forty men of the second hundred'; reckoning the *hundrað* as 120, this gives 160 men.

14. *Sigldu...norðanveðr,* 'they sailed away from Bear Isles with a N. wind,' i.e. going S.

16. i.e. about 12 feet in width.

28. *Furðustrandir,* 'Wonder-Beaches.'

37. *ok leita landskosta,* 'and explore the resources of the land.'

39. *biafal*: the *Hauksbók* reads *kiafal,* evidently some kind of cloak: the origin of the word is unknown. Cf. Gathorne-Hardy, *op. cit.*, p. 57, note.

44. *hljópu þau af landi ofan,* 'they came running down to the shore.'

45. *vínber,* 'grapes'; the *Hauksbók* has *vínberjaköngul.*

61. *ok var...annt til,* 'and they were not answered as soon as they would have liked.'

66. *hví,* so *Hauksbók.* Our text has *því,* which I do not understand.

67. *Hann kvað...skipta,* i.e. 'it is no business of yours.' *kveðst...göra* comes to mean 'he added that he was old enough to look after himself.' Þórhallr was evidently invoking the aid of Thor (*hinn rauðskeggjaði,* 'the red-bearded') by incantations; cf. l. 76.

71. *hval*, D. sg., 'what sort of a whale it was.' The *Hauksbók* has G. plu. in the same sense, *hvat hvala*. 'Karlsefni was an expert on whales, but couldn't identify this one (*hann*).'

84. *eyjar*. *Hauksbók* has, no doubt rightly, *eyrar*, 'sand-banks.'

86. *í Hópi*: this use of *í* (and *at*, *á*) with D. of place-names may be compared with the similar use of *æt* with D. in Anglo-Saxon, e.g. *A.-S. Chron.*, 552 A, *æt Searobyrig*.

89. *sem landit...efst*: i.e. 'at high-water mark.' *helgir fiskar*, 'holy-fish, halibut.'

94. *trjánum* should probably be emended to *trjónum* (from *trjóna*, 'snout') as in Extr. 27, l. 6: perhaps a long, trumpet-shaped instrument, with an animal's head at the end; perhaps something like those depicted on the Gundestrup Bowl (Sophus Müller, *Nordische Altertumskunde*, II. p. 165, fig. 103). See for discussion Gathorne-Hardy, *op. cit.*, pp. 181 ff.

98. *ok berum í mót*, 'and lift (the shield) in reply.'

100. *smáir*, 'small.' *Hauksbók* has 'swarthy.' *illt...hár*, perhaps because unkempt. *eygðir...kinnunum*, 'they had large eyes and broad cheeks.'

26.

Translations: Gathorne-Hardy, *op. cit.*, pp. 33 ff. Du Chaillu, *op. cit.*, I. pp. 397 ff.

7. *er forvitni...sín*, 'those who were curious to know what the future had in store for them.'

8. *þá þótti...stóð*, 'they thought it was his business to find out when the prevailing bad season would come to an end.'

15. *alt í skaut ofan*, 'all the way down to the hem (along the bottom of the cloak).' *glertölur*: glass beads. *tölur* is a Christian term for the beads of the rosary.

28. *Borð váru upp tekin*, 'the tables were set up.' This expression can also mean, as in l. 33, 'the tables were removed.'

49. *en við Þorkel...þarf*, 'I will leave it to Þ. to secure the things that we have need of': she means to get Þ. to persuade G. to sing the charms.

54. *sá er þar var hjá*: to be taken with *engi*, l. 53.

58. *er áðr...aðrir*, 'which before were hidden from me and many others.'

27.

Translations as for Extr. 25, of which this is the continuation (from a different text).

5. *svá mart...sát*, 'the sea was black with them.'

28.

Translation: Dasent, *The Story of Burnt Njal* (Everyman edit.), pp. 176–7.

1. *kom út*: i.e. from Norway to Iceland.

3. *Saxland*, i.e. Germany.

9. *Hvárt...kaupin?* 'is trade bad?'

22. *með Guði*, 'with God's help.' *fylgjuengill*: cf. note on Extr. 24, l. 13.

29.

Translation: Morris and Magnússon, *The Ere Dwellers*. [*The Saga Library*, vol. II. p. 135.]

3. *alþingi*: the *Alþingi* was the General Assembly, or Parliament of Iceland: it was instituted in 930.

10. *en prestar...kirkjum,* 'but there were not sufficient priests to perform the offices at the churches.'

30.

Translation: Dasent, *The Story of Burnt Njal*, pp. 56 ff.

3. *fór með flimtan,* 'she was always taking people off.'

33. Dasent translates: 'Gaping mouths are no wise good
Goggle eyne are in thy head.'

era: *er* with neg. suffix *-a*; it may be noted that the verb is sing., although it is used with a plu. noun; this is often the case when the verb comes before the subject. *gapríplar*, 'gaping poles,' i.e. 'lips,' and so 'open-mouthed.' *gap < gapa*, 'to gape'; *ríplar*, plu. from *rípull*, 'a pole,' 'stick.' *gægr* is related to *gægjask*, 'to be all agog.'

44. *þykki* for *þykkir*, freq. before *þú*, *þér*, *mér* (cf. Extr. 37, l. 10; 41, l. 112).

51. *fyrir því*: *því* is explained by *at... jafnræði.*

53. *kaup*: i.e. *brúðkaup* (bride-price) or *mundr*, the amount paid by the bridegroom to the bride's father, without which no marriage was considered legal. The bride's gift to the bridegroom was known as the *heimanfylgja.*

31.

Translations: Green, *Translations from the Icelandic* (*The King's Classics*), p. 65. Du Chaillu, *op. cit.*, II. pp. 391–2.

2. *Sigtryggr silkiskegg*: see also Extr. 33. *skamma stund*: he came to the throne in 988, but was ejected in 993 for some years.

10. The order is: *Sigtryggr elr skæ Sváru við hræ*; *skæ S.*, 'the steed of Svara,' i.e. 'the wolf': 'S. feeds the wolf with corpses.' Svara is unknown: she was probably some witch or giantess. Hyrrokkin (*Gylfaginning*, cap. 49), who comes to Balder's funeral riding on a wolf, is a giantess.

32.

Translation: Morris and Magnússon, *The Ere Dwellers*. [*The Saga Library*, vol. II. pp. 71 ff.]

4. Sigurðr Hlöðvesson, the Stout, Earl of Orkney, was killed at the Battle of Clontarf, 1014. See Extrs. 33–35.

5. *Mön*, the Isle of Man: *Manarbygð*, the inhabitants of Man, Manxmen. *sæzt* (l. 6), past p. of *sættast.*

6. *hann*, i.e. *skattr*: *goldinn*, p.p. of *gjalda*, 'to pay.'

11. *landsuðr*, i.e. S.E. (cf. W. P. Ker, *Collected Essays*, vol. II. p. 124). *l. ok austr*, i.e. E.S.E. Notice impers. constructions used when describing the weather etc. (*gekk veðr*; *gerði storm*; *bar þá norðr*).

12. *ok er...Dyflinni*, 'while they were in this plight, Þ. bore down upon them on his way from Dublin.'

34. *at hon...forvistu*, 'she needed someone to take good care of her.' *við þetta alt saman*, 'taking all this into account.'

33.

Translation: Dasent, *op. cit.*, pp. 316 ff.

4. *Óláfs kvarans.* Óláfr Kvaran (Cuaran) is better known in English history as Anlaf Sihtricsson: his father came from Ireland and was made king over Northumbria by Athelstan, whose sister he married in 925. Anlaf himself ruled in York for two brief periods, first in the time of Edmund and later in that of Eadred (cf. Sax. Chron. 944 A, 949, 952 E and Extr. 16 above). Anlaf died in 981 in the monastery of Iona; see Mawer, *The Vikings*, pp. 60–1, and Walsh, *Scandinavian Relations with Ireland during the Viking Period*, pp. 6 f.

5. The sense is: Kormlöð, although an accomplished woman, was rarely successful when she interfered in affairs of state.

9. *Kunnjáttaborg*, 'fortress of Connaught'; some MSS. have *Kantaraborg*, which has been identified with Kincora, now Killaloe, Co. Clare, Brian's original capital.

12. *settiz í stein*, 'became a hermit.'

27. *um brennuna*, 'about the burning of Njál'; see Dasent, pp. 235 ff.

33. *Bar þat saman*, 'it was just at the very time that G. was engaged telling his story.' *vera at*, 'to be busy.'

37. *lauk*: impers., 'and yet it ended so that...,' i.e. 'before the end he wept.'

38. A stanza of Kari is omitted here.

47. *hirðmanns yðvars*: i.e. Helgi or Grímr (sons of Njáll); see *Njálssaga*, ch. 85 (Dasent, p. 148).

62. Kormlöð must have been more than fifty years old at the time of the battle: her first husband Oláfr Kvaran died in 981.

69. *at...unnit*, 'that the earl had undertaken to come and also what he (Sigtryggr) had sworn in order to gain his assistance.'

34.

Translation: as Extr. 33.

15. *á föstudegi*: i.e. Good Friday.

18. There is no indication as to the identity of this person, who is probably some supernatural being; perhaps Odin himself is meant. In legendary sagas he often appears to give advice to his worshippers before a battle (cf. *Þáttr af Nornagesti*, c. 6).

41. i.e. 'the beggar must carry his own scrip.'

59. *dyngja*, "generally used in Iceland for the ladies' bower. Originally it would seem to have meant a room for weaving, and as a rule partly or wholly underground" (Kershaw, *Anglo-Saxon and Norse Poems*, p. 114, Note 6).

63. See Kershaw, *op. cit.*, pp. 111 ff., for translation and text of the poem *Darraðarljóð*, and also for an account of the loom.

35.

Translation: Anderson, *Orkneyinga Saga*, Appendix, p. 209.

8. *haslaði Sigurði völl*: this practice of marking out the battle-field by hazel-poles fixed in the ground is mentioned very often in the sagas; cf. *Egils Saga*, c. 52.

'S. went to consult his mother for she was very wise (in magic). The earl pointed out to her that the difference in numbers would not be less than 7 to 1.'

15. Cf. Extr. 34, ll. 36 ff.

25. *óðul*: cf. Extr. 14, l. 2 Note. The people of Orkney had surrendered their *óðal*-rights to Sigurð's great-grandfather, Torf-Einarr, when the latter offered to pay the fine of 60 gold marks levied on the island by Harold the Fairhaired. Einarr had slain the king's son Hálfdan whilst the latter was raiding in the Orkneys. For the story see *Heimskringla*: Saga of Harold the Fairhaired, caps. 31, 32. On *óðal* cf. also Du Chaillu, *op. cit.*, I. p. 479.

36 a.

Translation: Morris and Magnússon, *Heimskringla*. [*The Saga Library*, vol. I. p. 5.]

2. *kvæði...Noregi*, 'and the poems about all those kings who reigned after him in Norway.'

6. *er þá...fyrir*; 'before whom they recite.'

36 b.

Translation: Du Chaillu, *op. cit.*, II. p. 393. See also Craigie, *The Icelandic Sagas*, p. 15, and the whole of chapter I.

9. *hvat til...hans*, 'what was the cause of his sadness.'

11. *at nú muni uppi...*, *vera* is to be understood; 'your stories must now be all told.' *vera uppi*, 'to be at an end.'

13. *löngum*, adv., 'for long sittings.' *nú mun þér illt þykkja*, 'you must be thinking it is bad luck.'

16. *sú ein er sagan eptir*: *sú* is emphatic, 'the only saga left.'

21-2. *ok má...jólin*, 'and they will not be able to sit on very long listening to the entertainment, and I will so arrange things for you that the story shall last as long as Yule.'

28. *sumum fannst minna um*, 'some cared less about it': impers. constr. *sumum* is D. plu.

29. *Konungr...til hlýtt*, 'the king saw to it that it got a good hearing.'

29-30. *stóðst...sögunni*: *standast á*, 'to correspond in duration of time': i.e. that Yule ended as the saga drew to a close. *jólin* is A., *þraut* impers., *sögunni* D. after *lokit*.

31. *hinn þrettánda dag*, 'the thirteenth day': this would be Twelfth Night.

34. *ok hvergi...stóð til*, 'and in no detail did the story run contrary to actual fact': *standa til*, 'to happen.'

37. *Halldór Snorrason*: for an account of his adventures with Harold Hardrada, see *Halldórs þáttr Snorrasonar (Fjörutíu Íslendinga þættir*, edited by þ. Jónsson, Reykjavík 1904, pp. 101 ff.).

37.

1. *Nú...*, 'now it is time to relate how.'
4. *Skarðaborg* = Scarborough.
10. *þykki*; cf. note to Extr. 30, l. 44.
11. *Engis*: in G. after *verðr*, 'worth,' understood from sentence before.
19. *Forneskja...slíku*, 'it is to believe in old wives' tales to believe such things now.'

38.

Translation: Vigfusson and Powell, *Origines Islandicae*, vol. I. pp. 213–4.

10. *Ásgrímr bað út bera*: for this custom of exposing newly-born babies see *Gunnlaugssaga*, ch. 3: 'ok þat var þá siðvandi nökkurr, er land var allt alheiðit, at þeir menn er félitlir váru en stóð ómegð mjök til handa, létu út bera börn sín; ok þótti þó illa gert ávalt.'

13–20. 'Let the son go to his mother,
I am cold on the floor.
Where could be more fitting for a boy
than at his father's hearth?
No need to whet iron[1]
nor diminish the turf[2],
abandon the ugly deed,
I want to live among men.'

[1] the spade.   [2] by removing sods for the grave.

21. *vatni ausinn*: i.e. according to heathen rites.
24. *beitz*, p.p. nt. of *beiða(z)*.
25. *þingit var við skóg*: cf. note on Extract 10, l. 15.

39.

Translation: Vigfusson and Powell, *Origines Islandicae*, vol. I. pp. 315–318. [See also Heusler-Ranisch, *Eddica Minora*, pp. CII–CVIII and pp. 128 ff.: and the *Grettissaga*, chs. 73, 74 (translated by G. A. Hight in the Everyman Library).]

11 ff. For similar enumerations see the *Hávamál*, str. 85–87, *Sigrdrífumál*, str. 15–17.

40.

See Clarke, *Sidelights on Teutonic History during the Migration Period*, pp. 225 ff.

41.

Translation: Phillpotts, *The Elder Edda*, pp. 65 ff. (also *ibid.* for discussion of date, origin, etc. of the poem). Bray, *The Elder or Poetic Edda*, Part I, *The Mythological Poems* (printed for the Viking Club, 1908).

3. *nam at*: *nema* is here used emphatically as an aux. verb, with infin. = 'to begin.'

5. *of*: is a particle which is used in poetry and in the oldest prose: it can often be neglected in translation.

6. *heyrðu.* See § 56, Note 2.

7. *jarðar hvergi*, 'nowhere on earth.'

8. *áss er stolinn hamri*, 'the god is robbed of his hammer.'

9. *túna*: G. of 'motion towards' (poetic use), after *ganga*.

23. Cf. Anglo-Saxon charm (Sweet, *Anglo-Saxon Reader*, XIX, l. 23) for another example of the juxtaposition of *æsir* and *álfar*, found so often in O.N. poetry.

27. *Hlórriði*, i.e. Thor.

31. *hann* (i.e. *hamarr*), object of *heimtir*.

38. *Hefir þú...*, 'Have you had success commensurate with your labour?' *sitjanda* (Pres. Part. in D.), *liggjandi* (Pres. Part. in N.), both declined like Weak Mascs.

49. *brúðar líni*, a reference to the head-dress and veil worn by the bride.

53. *men Brísinga*: for the story of how Freyja obtained this necklace see *Sörlaþáttr* (trans. Kershaw, *Stories and Ballads of the Far Past*, p. 43: cf. also *Beowulf* l. 1199).

55. *ek ek*: the second *ek* from *aka*, 'to drive.'

61. In all probability Heimdallr was one of the race of the Vanir: he acts here as Freyja's adviser and protector. Some scholars however translate "as the Vanir also (did)."

64. The Icelandic bride carried a bunch of keys hanging from the waist, to symbolise her authority as mistress of the house.

83. *tvær*, MS. *tvau*, but all editors emend because both gods are now to be disguised as women.

96. This line can be translated 'quickly drew the day to evening,' or (lit.) 'there was a coming early in the evening,' i.e. understatement for 'the giants thronged the hall.'

99. *þær er konur skyldu*, 'intended for the women'; *einn* (l. 98) to be taken with *Sifjar verr* (i.e. Thor).

102. *sáttu...*, 'did you ever see brides eat with a better appetite?' *sáttu* ¡s 2 sg. pret. of *sjá* (i.e. *sát*) with *þú* (cf. § 56, Note 2; and also for *sák-a-k*). *hvassara*, *breiðara*: the neut. form of the cmpr. adj. is used for the cmpr. adverb.

112. *þykki*, cf. note to Extr. 30, l. 44.

42.

The order is as follows: 'Brynju Höðr lætr hrammtangar hrynvirgil hanga mér á heiðis vingameiði, hauki troðnum; ek ná reiða rauðmeldrs, gelgju á geirveðrs seiðs galga; gunnvala bræðir ræðr at meira lofi' (Finnur Jónsson, *Skjaldedigtning*, I B, p. 45).

This stanza illustrates two of the chief features of skaldic poetry: (i) the use of extravagant metaphors and periphrases (kennings), and (ii) the intertwining of independent sentences.

Hrammtangar (*hrammr*, 'hand'; *töng*, 'tongs'), 'clutch of the hand,' here prob. the hand itself. [The MSS. have *hvarm-*, which has not been explained. Emend. by F. Jónsson.]

hrynvirgil (*virgill*, 'halter'; cf. *hrynja*, 'to tinkle'), 'tinkling halter.'

hrammtangar hrynvirgil, 'tinkling halter of the hand,' i.e. bracelet.

heiðir, 'hawk' (poet.); *Vingameiðr*, a mythical tree (cf. *Hávamal*, st. 138).

heiðis Vingameiði, 'hawk's tree' (perch), i.e. wrist (allusion to falconry).

The meaning therefore is: Athelstan makes a bracelet to hang on my hawk-trodden wrist.

rauðmeldr, 'red flour,' i.e. gold.

gelgja, name of part of a mythical chain, perhaps 'link.'

rauðmeldrs gelgju, 'link(s) of gold.'

geirveðr, 'spear-storm,' i.e. battle.

seiðr geirveðrs, 'fish of battle,' i.e. sword.

ek...galga, 'I am wearing the links of gold on the gallows of the sword,' i.e. on my wrist (cf. *Egils Saga*, cap. 60: 'and taking the coil of cord attached to the hilt, Egill wound it round his arm and so let the sword hang').

gunnvalr (*gunnr*, 'battle'; *valr*, 'hawk') 'hawk of battle,' i.e. raven.

gunnv. bræðir (from *bráð*, 'raw flesh'), 'feeder of ravens,' i.e. warrior.

gunnv....lofi: 'the warrior (Athelstan) acquires greater glory' (sc. by my poem).

GLOSSARY

Unaccented vowels precede accented vowels. The characters þ, æ, œ, ö will be found, in this order, at the end of the alphabet: ð follows b. The numbers in brackets refer to the texts, number and line. The following abbreviations are used:

a. = adjective: adv. = adverb: aux. = auxiliary: A. = accusative case.

card. no. = cardinal number: cmpr. = comparative: conj. = conjunction.

D. = dative case: demonst. = demonstrative.

espec. = especially: f. = feminine gender: G. = genitive case.

impers. = impersonal.

indecl. = indeclinable: indef. = indefinite: intrans. = intransitive.

m. = masculine gender.

M. = Middle Voice; most often used in a Reflexive sense, see § 70.

neg. = negative: n. = neuter gender: N. = see note on the passage.

obs. = obsolete: opp. = the opposite of; ord. no. = ordinal numeral.

p.p. = past participle: pers. = personal: poet. = found more often in poetry: prop. = proper.

prec. = preceding: prep. = preposition: pres. p. = present participle: prn. = pronoun: plu. = plural.

R. = reduplicating verb: rel. = relative.

sg. = singular: sv. = strong verb: subst. = substantive: supl. = superlative. trans. = transitive.

usu. = usually: w. = used with: wv. = weak verb.

+ = usually governs, followed by.

< = related to.

For forms in -legr, -lega see -ligr, -liga.

A.

af prep. + D., off (8. 22), of (14. 38), by, from (9a. 31), on account of (23. 15), among (23. 32), in regard to (6. 8); *a. því* for that reason (11. 2); *innar af* at the far end of (11. 46)

afhendr a. out of one's hand (22. 86 N.)

afhús n. annex (11. 55)

afklæðast wv. M. undress oneself

afla wv. gain, obtain, earn

aka sv. 6 drive, convey (14. 19)

akkeri n. anchor (25. 43)

ala sv. 6 feed, bear, give birth to

aldinn (poet.) a. old (41. 130)

aldr m. age (22. 11), life (23. 4); *allan a.* through all time (16. 81)

aldregi, aldrigi [D. of *aldr* and -gi] = *aldri*

aldri adv. never

aleyða a. indecl. altogether waste, empty (14. 45)

algerr a. finished (14. 17)

algrár a. completely grey (27. 9)

alhœgr a. quite easy (19. 11)

allfjölmennr a. attended by very many people (13. 20)

allfrægr a. very famous (11. 14)

allgamall a. very old (23. 40)

allglöggsær a. clearly visible (26. 63)

allillr a. very bad (18. 52)

allmannhættr a. very dangerous (10. 58)

allmikill a. very great

allnær adv. very near

allr a. all (4. 11): *alls fyrst* first of all (41. 5)

allreiðr a. very angry

allvegligr a. imposing, princely (5. 16)

allvel adv. very well (4. 7)

alskipaðr a. arranged (seats, 13. 34), manned

alsnotr a. very wise, crafty (41. 105)

alsvartr a. coal-black (41. 93)

alt adv. everywhere, all the way

altari n. and m. altar (11. 48)

altarisklæði n. altar cloth (24. 30)

alvápnaðr p.p. in full armour (16. 126)

alvæpni n. complete armour. *hafa a.* fully armed (16. 38)

alþingi n. "Althing," General Assembly of Iceland (29. 3 N.)
alþýða f. people in general, common people (13. 42)
ambátt f. female slave, handmaid (41. 82)
amra wv. howl (19. 30)
anda wv. breathe, live. M. *andast* breathe one's last, die (24. 19)
andaðr p.p. dead (13. 48)
andlát n. death (16. 7)
andviðri n. head wind (10. 5)
annarr prn. and ord. no. second (6.16), other (4. 2), different (9a. 30), one of two (11. 28), next (16. 6)
annarr...a. the one...the other (30. 28) : *annat lið* the rest (25. 82)
annt a. neut. eager, anxious; *vera a. til* impers. + D. eager for (25. 61)
anza wv. heed, take notice of (22. 53)
apalgrár a. dapple-grey
aptann m. evening (16. 19)
aptr adv. back (22. 64), in the rear, backwards
argr a. cowardly (41. 69)
arinn m. hearth
armfylking f. wing of an army
armleggr m. arm
armr a. wretched (41. 117)
aska f. ashes
at prep. + D. towards, against, on, near, at, in, to, into, for.
at sér of, in himself (used w. advs. denoting character, 33. 5)
also used with infin. ('to')
at conj. that
at neg. verbal suffix (38. 17)
atbeini m. assistance
atburðr m. occurrence, event
atferð f. energy (16. 157)
atferli n. proceeding, ceremony (26. 46)
atgervi, atgörvi f. accomplishments, ability (22. 21)
atgervi(s)maðr, atgörvi(s)maðr m. man of great prowess
atkominn a. on the brink of; *a. dauða* at death's door (7. 5)
atkvæðamikill a. influential (30. 60)
auðigr, auðugr a. wealthy
auðkendr a. easy to recognise
auðna[1] wv. impers. fall out by fate; *sem auðnar* as luck decides (9a. 12)
auðna[2] f. fate (35. 12), luck
auðnumaðr m. lucky man (23. 9)
auðr[1] n. riches, wealth, prosperity (6. 5)
auðr[2] a. empty
auðsýnn a. clear, evident
auðveldr a. easy (13. 10)
auðœfi n. plu. wealth, riches (5. 3)

auga n. eye (16. 68), hole (19. 50)
augnaskot n. look, glance (19. 21)
augsýn f. sight
auka sv. R. increase
aurar see *eyrir*
ausa sv. R. sprinkle, bale out a boat (24. 6) ; *a. vatni* sprinkle with water
austan adv. from the east
austanverðr a. eastern, easterly
austmaðr m. Norwegian (15. 3)
austr[1] n. the east; adv. towards the east (14. 51)
austr[2] m. baling (24. 7)
austskota f. scoop, bucket for baling

Á.
á prep. + D. on, in, during, by: + Á. towards, to, on, upon, up to, from
á f. river § 22 (3)
ábóti m. abbot
áðr adv. already, before, till
áfall n. a "sea" dashing on a ship (24. 8)
ágæti n. glory, fame
ágætligr a. excellent, splendid
ágætr a. famous, excellent (31. 19)
ákafi m. eagerness, zeal (16. 178) ; G. *ákafa* + adjs. very,exceedingly (23.15)
ákafliga adv. very, exceedingly (11. 33), vehemently
ákafligr a. vehement; *sem ákafligast* as hard as possible (18. 33)
ákaft adv. violently (9 a. 29)
álag (usu. in plu. *álög*) n. tax (14. 10)
álfr m. elf.
áliðinn a. far-spent; *á. sumri* late summer (13. 10)
án prep. + G. without
ár[1] n. year, plenty, abundance (5. 9)
ár[2] f. oar
árangr m. season (26. 60)
árferð f. season (26. 7)
áróss m. estuary
ársæll a. blessed with good seasons, prosperous
árseði n. daring, pluck
ásamt adv. *koma á.* to agree (10. 50)
ásjá f. help, protection (36b. 2)
áss[1] m. yard arm of sail (24. 8)
áss[2] m. heathen god (41. 23)
ást f. love, affection (18. 47)
ástsamliga adv. in a loving way, affectionately
ástvinr m. intimate friend
ásynja f. goddess
át n. food
átján card. no. eighteen
átrúnaðr m. belief, reverence (11. 61)
átta card. no. eight

áttærr a. eight-oared (18. 9)
ávalt adv. always
ávanr a. wanting

B.

baggi m. pack, bag
bak n. back
banahögg n. death blow
bani m. death
banna wv. forbid
banvænn a. deadly, mortal
bardagi m. fight, battle
barn n. child; *hvert b.* every man, all (22. 13)
barnlauss a. childless
batna wv. improve, get better
bautasteinn m. stone monument, memorial stone
báðir prn. both. *The neut. dual form (bæði) is used as an adv., bæði...ok* both...and (36 b. 13)
bál n. flame, fire, funeral pyre; *gera b.* make a blaze
bátlauss a. without a boat
bátr m. boat
beðr m. bolster, bedding
beiða wv. (+ G. of thing, D. of person), ask, demand. M. *beiðast* ask on one's own behalf (18. 7)
bein n. bone, leg; *beinlauss* a. boneless
beina wv. stretch out. *b. flug* stretch wings for flight (35. 18)
beini m. assistance, help; *ganga um beina* wait on the guests (30. 5)
beinn a. straight
beita wv. make bite, steer near wind, keep off lee shore (16. 18 N.)
bekkr m. bench
belgr m. skin
bella wv. + D. dare, venture, deal in (espec. unfairly, 41. 41)
belti n. belt
bending f. sign, token, foreboding
bera sv. 4 carry, bear, convey, wear (9 b. 7), endure (16. 62)
w. preps. *b. at* bear down on, *b. saman* coincide, *b. upp* state, *b. út* expose, *b. vel* tell fairly (story), (33. 58)
impers. *b. til* happen, cause (36 b. 9), *b. fyrir* befall (22. 78), *berr nauðsyn til* one is obliged (16. 65)
bera gæfu til have good fortune (16. 106)
berja wv. beat, strike. M. *berjast* fight
berr a. bare, naked
betr adv. cmpr. better; supl. *bezt* best
betri a. cmpr. better; supl. *beztr* best
biafal m. kind of cloak (25. 39 N.)

biðja sv. 5 (+ G. of thing, D. of person) ask, pray
bifast wv. M. shake, tremble
bikkja f. bitch, cur
binda sv. 3 bind, tie
birgðir f. plu. provisions, food
bíða sv. 1 + G. wait for (32. 6), undergo; *b. ró* get peace, rest (16. 115)
bíta sv. 1 bite, wound (9 a. 5)
bjarg n. rock, boulder
bjarndýr n. bear
bjartr a. bright
bjóða sv. 2 + A.D. offer (14. 26), bid, order (9 a. 13), invite (12. 16), preach (28. 4); impers. *mér býðr fyrir* I forebode (22. 34)
blanda sv. R. blend. M. *blandast við* have dealings with (25. 6)
blandinn p.p. mixed, changeable (15. 12)
blár a. blue, black
blása sv. R. blow
blástr m. blowing (of wind), swelling
blíðr a. gentle, pleasant
blíðskapr m. friendliness, kindness
blíkja sv. 1 gleam, glitter
blóð n. blood
blót n. sacrifice
blóta sv. R. sacrifice, worship
blótgoði m. heathen priest
blótgyðja f. heathen priestess
blótveizla f. sacrificial banquet
boð n. invitation, banquet, wedding feast
boða wv. preach, bid, bode: impers. *boðar mér* I have a foreboding (22. 42)
boðsmaðr m. guest
bolli m. small vessel, bowl
borð n. board, maintenance (14. 5), ship-side; plu. *borð* tables (26. 28 N.)
borg f. stronghold, fortified town
bógr m. shoulder
bók f. book
bólstaðr m. homestead
bóndason m. commoner (16. 160)
bóndi m. yeoman, landowner, commoner (14. 2 N.)
bót f. remedy, compensation
bragarlaun n. plu. poet's reward
bragða wv. move, stir
bráðr a. sudden, hasty
brátt adv. = neut. of *bráðr*, soon
bregða sv. 3 + D. cause to move, jerk, pull, break, disregard (22. 51), draw (sword, 9 a. 23), alter (30. 56); *b. boði* give up a feast (22. 44)
w. preps. *b. upp* lift, take up (27. 7); *b. undir* lift up under (19. 51)
M. *bregðast* fail (2. 6)

breiðr a. broad
Neut. cmpr. adj. as adv. *breiðara*
(41. 103), more heartily
brenna¹ sv. 3 burn (intrans.)
brenna² wv. burn (trans.); *b. inni* burn
a man to death in his house; *brent
silfr* pure silver
brenna f. burning
bresta sv. 3 burst; *flótti b.* the ranks
break in flight (34. 47)
brjóst n. breast
brjóta sv. 2 break, destroy (14. 45);
b. skip í spán dash one's ship to
pieces (32. 12); *b. skip* be shipwrecked
brosa wv. smile
brot n. breaking; *sigla til brots* sail
through surf till the ship is dashed
in pieces
brotna wv. break, be broken; *b. í spán*
be dashed in pieces (16. 24)
brott, brot [older *braut, brautu*], burt,
brutt (also found w. preps. *í, á*) adv.
away, off.
brottför f. departure
brotthlaup n. escape
bróðir m. brother
brullaup = brúðkaup (32. 35) n. wed-
ding feast
brúðfé n. bridal gift
brúðr f. bride
brúnmóálóttr a. dark brown with black
stripe along the back (20. 9)
brynja f. coat of mail
burr poet. m. son
bú n. farmstead, household, housekeep-
ing, home; *taka við b.* set up home
búa sv. R. prepare (6. 12), dress (26. 14),
pack (22. 99), ornament (26. 17),
possess (41. 73), live, dwell (19. 56);
búa um make a bed (24. 9), dress
(wound, 22. 55)
M. *búast* get ready; *b. af* get ready
to leave (34. 7); *b. um* encamp
(25. 52); *b. við* prepare, expect
(16. 109 N.)
búð f. abode, dwelling place
búferli n. live-stock
búi m. dweller, tenant
búinn p.p. prepared, ready; *at svá búnu*
as matters stand, as yet (22. 90)
búnaðr m. furnishings (13. 37)
búráð n. household management
bústaðr m. establishment, abode
byggð f. abode
byggja wv. settle, occupy, people
bylgja f. billow, breaker
byrja¹ wv. originate, enter upon
byrja² wv. impers. get a wind; *byrjaði
honum vel* he got a good wind (11. 24)
byrr m. favourable wind

bœli n. den, sty, farm, dwelling
bœnahald n. prayer-meeting (12. 26)
bœr m. farmhouse,farmstead,establish-
ment, town.
bœta wv. compensate, pay for (19. 55),
atone (16. 81)

D.

dagfátt a. *verða d.* lose the daylight,
be overtaken by night
dagr m. day
dagsetrsskeið n. nightfall
dalr m. dale, valley
dauðdagi m. death, end of life
dauði m. death
dauðr a. dead
dá wv. admire: M. *dást at* admire
(22. 20)
deila wv. divide, share : *d. um* contend
about (16. 4)
deila f. disagreement, contest; *eiga
deilur* (plu.) quarrel (8. 12)
detta sv. 3 drop, fall; *d. niðr dauðr*
drop down dead (9 a. 26)
deyja sv. 6 die
digr a. stout
dís f. goddess, spirit (22. 85 N.)
dísablót n. sacrifice to *dísir*
dísarsalr n. temple of the *dís*
djarfr a. bold, daring
djúpr a. deep
djöfull m. devil
djörfung f. boldness
dómandi (plu. *dómendr*) m. judge
dómr m. judgement, decision, court;
hafa dóma alla have all cases tried
(11. 65)
dóttir f. daughter § 27
draga sv. 6 draw, pull; *d. upp segl*
hoist sail (7. 4); *d. saman* collect
(17. 22); *d. at lið* collect forces,
mobilise (33. 70)
dralla wv. loiter, drag
draumr m. dream
drápa f. poem, panegyric (16. 102 N.)
drekka sv. 3 drink ; hold, celebrate
(feast, 13. 50)
drengiliga adv. bravely, gallantly
drengr m. valiant man
drengskapr m.highmindedness,chival-
rous course (16. 146)
drepa sv. 5 strike, beat, slay (14. 37);
d. fótum (D.) stumble (8. 21);
d. undir tuck under (33. 94)
dreyma wv. dream (usu. impers. +
double A.)
drífa sv. 1 drift, crowd, throng (25. 70)
drjúgr a. substantial, long-lasting,
durable, ample; *verða drjúgari*
(cmpr.) prove better (25. 75)

dróttinn m. lord
dróttning f. mistress, queen (8. 5)
drukkinn p.p. tipsy
drukna wv. be drowned
drykkja f. drinking, drink (14. 19), banquet, feast (18. 65)
drykkr m. drink
duga wv.+D. help, aid
dvelja wv. delay: M. *dveljast* stay (22. 16)
dvergr m. dwarf
dylja wv. conceal, deny: M. *dyljast í* conceal from oneself (16. 154)
dyngja f. lady's bower (34. 59 N.)
dynja wv. resound
dyrr f. plu. doorway
dyrvörðr m. doorkeeper
dýja wv. shake
dýna f. pillow, cushion
dýr n. animal, wild beast
dýrka wv. exalt, worship (6. 7)
dýrr a. high-priced, dear
dýrshjarta n. animal's heart
dýrshorn n. drinking horn
dœgr n. twelve hours of day or night (astron. 24 hours)
dœma wv. give judgement, adjudge, decide; *d. lög* administer justice (14. 4)
dœmi n. example, knowledge, evidence
dögurðr m. breakfast (12. 22)

E.

eða, eðr conj. or: *introducing question* but (30. 45)
ef conj. if, in case
efla wv. strengthen, perform (20. 1); *e. seið* work a spell (16. 1)
efni n. stuff, material (19. 44), events (36 b. 34)
efniligr a. hopeful, promising
efri a. cmpr. upper, latter: supl. *efstr* highest (25. 90)
egg n. egg
eggja wv. incite, tug (sword, 9 a. 23), sharpen; *láta at eggjast* (M.) yield to egging on (16. 85)
eggver n. "egg-field"
eiðr m. oath
eiga v. § 87, own, have, possess, be obliged (duty 33. 49); *e. konu* marry (name in D., 30. 6); *e. við* have to do with (19. 11)
M. *eigast við* fight (9 a. 32)
eigi adv. not; *eigi...ok* nor
eign f. property (5. 3), possession
eigna wv. assign; *e. sér* claim as one's own
M. *eignast* become owner of, get (14. 2)

einart adv. incessantly, for ever
einn card. no. and prn. one (6. 16), a, a certain, alone (41. 24), only (when noun precedes)
einna G. plu. of *einn*, used in an intensive sense: *e. mestir* by far the greatest (9 a. 6)
einnhverr indef. prn. some, someone; *e. sinn* on one occasion (9 b. 2)
einráðinn a. resolved
einvaldskonungr m. absolute king (1. 2)
einvígismaðr m. fighter in single combat, champion
eir n. brass, copper
eira wv. +D. spare; *e. vel* agree with (19. 36)
eirpenningr m. brass or copper coin
ek prn. I § 56
ekki (from *engi*) prn. nothing, naught: as adv. (=*eigi*) not (26. 2)
eldahús n. hall (for cooking and sleeping)
eldibrand m. firebrand
elding f. firing
eldr m. fire
eldsgerð f. making fire, smoke (19. 45)
ella adv. and conj. else, otherwise
elli f. old age
ellimóðr a. weary with age
ellri a. (cmpr. of *gamall*) elder, older
ellztr a. (supl. of *gamall*) eldest
elska¹ wv. love
elska² f. love; *hafa elsku á* love (20. 11)
elskr a. attached to, fond of
elta wv. chase, pursue
emjan f. howling, mewing
en (enn) conj. but, and; (after cmpr.) than
en poet. see *enn*
enda conj. and now, and also
enda wv. bring to an end; M. *endast* serve (19. 55), suffice (16. 74)
endi m. end
endlangr a. the whole length
endr adv. again
engi (eingi) indef. prn. no, none, no one: *after neg.* any § 65 (c)
engill m. angel
enn, en, et oldest form of def. art (10. 39, etc.)
enn adv. yet, still: unaccented, as *en*, sometimes precedes cmpr. in poetry, *sveinn en sœmri* (38. 15)
enskr a. English
eptir, eftir prep. +D. after, along (13. 43: 24. 9), behind; +A. after
eptirsjá f. regret, grief

er (older *es*) rel. prn. who, which, that:
conj. and adv. when, that (=*at*):
þá er when; *þar er* there where;
en er but when; *ok er* and when
er see *vera* § 67
erfa wv. honour with a funeral feast,
to "wake"
erfi n. funeral feast
erfíði n. trouble, labour
erfíðr a. difficult, stubborn
erfikvæði n. elegy
erfingi m. heir
erindi, erendi n. business (19. 29),
errand, message, information (41. 43)
ermr f. sleeve
ertingamaðr m. one who will stand
teasing (16. 93)
es older form of *er* § 61
et older form of *it* (30. 20) § 63
eta sv. 5 eat (12. 22)
etja wv.+D. incite; *e. við* contend
against (16. 178)
ey f. island
eyða wv. make empty, lay waste
eygðr (<*auga*) a. *mjök e.* with big eyes
(25. 100)
eyjasund n. strait (between islands)
eyrir m. ounce of silver, money: plu.
aurar, *lausir aurar* movables, chattels
(6. 4)
eyrr f. sandbank, spit
eystri a. cmpr. eastern

F.

faðir m. father § 20 (*b*)
fagna wv. rejoice, welcome, receive
(16. 130)
fagr a. fair, fine, beautiful
fall n. death (in battle)
falla sv. R. fall (lots, 10. 5; breeze, 11.
25), be suited (4. 7); *f. út* go out (tide,
25. 90); M. *fallask* be forgotten, fail
p.p. *fallinn, f. illa* ill disposed (19. 3)
falsa wv. falsify, defraud, impose on
(4. 15)
fang n. catch (fish, game, 26. 2); *fara
til fangs* go fishing
far n. voyage, passage
fara sv. 6 go, move (25. 95), travel:
f. at to mind; *f. á móti* go to meet
(14. 25); *f. með* deal in (30. 3); *f. um*
travel about (23. 3); *f. út* put to sea
(18. 9); *f. yfir* to brave (16. 65)
fararleyfi n. leave to go
farbann n. embargo
fardagar m. plu. removal days, 'quarter
day' (23. 100 N.)
farmaðr m. seafaring man, merchant
farmr m. freight, cargo

farvegr m. road, journey
fast adv. firmly, hard (9 a. 23), earnestly
(32. 19), quickly
fastna wv. betroth
fastr a. fast, jammed (9 a. 22), tight
fá sv. R. grasp, get hold of, provide
(11. 5: 14. 8), get (10. 4: 10. 33),
give (4. 5), entrust (11. 6), procure
(26. 50)
f. konu marry (12. 3); *f. gjaforð*
make a match (26. 63); *f. at blóti*
have recourse to a sacrifice (11. 16)
fá + p.p. be able to (9 a. 24)
fámáligr a. reticent
fár (n. *fátt*; D. *fám*) a. few
fáryrði n. plu. reproaches
feigr a. 'fey'; *vilja hann feigan* desire
his death (33. 15)
fela sv. 4 hide, entrust to; *f. á hendi*
commend (34. 4)
feldr m. cloak
fella wv. make fall, throw (19. 37), fell,
kill
fen n. bog
fengsamr a. *vera f.* live in great style
(30. 59)
ferð f. journey, voyage, expedition
(36 a. 5)
fertugr a. forty years old
festa wv. make fast, learn by heart
(16. 121); M. *festast* settle down
(24. 3)
fé n. property (5. 19), money, cattle
(11. 62), cargo (16. 23); *með fé fullu*
in good money (39. 3)
féhirðir m. treasurer
fékostnaðr m. expenditure, expense
félagi m. comrade, partner
félauss a. penniless, poor
fiðri m. feathers
fimtán card. no. fifteen
fimti ord. no. fifth
fimtidagr m. fifth day of week
finna sv. 3 find, find out, notice; *f. til*
bring forward (22. 41)
M. *finnast* meet (27. 7: 32. 16):
impers. *f. um* admire (13. 34): used
as pass. refl. be found, occur (36 a. 5)
Finnr m. a Finn
firra wv. remove, deprive: M. *firrast*
shun
fiskiróðr m. rowing out to fish
fiskr m. fish
fjaðrhamr m. feather-coat (magical)
fjall n. mountain, fell
fjarðskorinn a. indented with fiords
fjarri adv. far off; cmpr. *firr* (27. 2);
supl. *first*
fjándi m. fiend, devil, enemy, foe
fjórði ord. no. fourth

fjórir card. no. four
fjórtán card. no. fourteen
fjúka sv. 2 fly off (33. 39)
fjölð f. multitude
fjöldi m. multitude
fjölkunnigr a. skilled in magic
fjölmenna wv. meet in great numbers
fjölmenni n. many people, crowd
fjölmennr a. with many people
fjörðr m. fiord, inlet § 18
fleinn m. dart, shaft
fleiri a. cmpr. more; supl. *flestr* most; *þótt fleiri sé* as many as you like (21. 12)
fleygja wv. make fly, throw
flimtan f. lampooning
fljótliga adv. speedily, readily
fljúga sv. 2 fly
flokkr m. body of men, host; short poem (without refrains)
flóð n. flood-tide, high-tide
flótti m. flight
flugr m. flight
flytja wv. carry, convey, recite, sing, bring about (29. 3); *f. út* convey to open sea (ship, 7. 3); *f. mál* plead a case (16. 177)
flýja wv. flee, take flight
flœðarmál n. high-water mark
flœðr f. high-tide
fnasa wv. snort with rage
forða wv. save; *f. sér* save one's life (16. 147)
foreldri n. forefathers
forlag n. livelihood, fortune; plu. *forlög* fate, destiny
forn a. old
forneskja f. old lore, superstition
forráð n. administration, management
forsjá f. foresight, advice
forvista f. management, care
forvitna wv. enquire about; impers. to be curious
forvitni f. curiosity
fólk n. folk, people
fórna wv. offer, bring as offering
fóstr n. fostering ; *til fóstrs* to be brought up (15. 4)
fóstra f. foster-mother
fóstri m. foster-father, foster-son
fótpallr m. footstool
fótr m. foot, leg; *vera á fótum* be up, out of bed (13. 28)
fram adv. forward, ahead (16. 21), out, outwards
framan adv. from (on) the front; *fyrir f.* before, in front (34. 25); *f. til* up to, until (36 b. 18)
framanverðr a. lying forward, outer part (ness, 11. 37)

framkominn a. paid over
framr a. forward, prominent ; supl. *framastr, fremstr* (34. 31)
framsýnn a. foreseeing
frá prep. + D. from, away from, against, about (23. 36): *as adv.* away
fráligr a. quick, active
frásagnarverðr a. worth relating
frásögn, frásaga f. story, reply (26. 69)
freista wv. + G. try
frelsi n. freedom, immunity
fremja wv. perform, practise (*seiðr* 26. 40, 73)
frest n. delay, respite
Freysgoði m. 'Freyr's Priest' (20. 6)
frétt f. enquiry (22. 79), divination (11. 16)
frétta wv. hear, ask
friðartákn n. token of peace
friðr m. peace
friðsamligr a. peaceable
friðstaðr m. sanctuary (in temple, 11. 46)
friðr a. beautiful, handsome (*f. sýnum* 11. 4)
frjáls a. free
frostviðri n. frosty weather
fróðleikr m. knowledge, magic, witch-craft
fróðr a. learned, wise
frumvaxti a. in one's prime
frændi m. kinsman (11. 8), ancestor (16. 104)
frændkona f. kinswoman
frœði f. and n. songs, spell-songs (26. 41), stories (36 b. 3), poems
fugl m. bird
fullr a. full; adv. *at fullu* fully
fulltrúi m. patron deity
fundr m. finding, presence (16. 180), meeting (28. 6); *koma á f.* go to seek (11. 12); *fara til fundar við* visit (33. 73)
fura f. fir, fir-tree
furða wv. + D. forebode
furukvistr m. fir bough
fustan n. fustian
fúna wv. rot, decay
fylgð f. following, support
fylgja f. guardian spirit (22. 83 N.)
fylgja wv. + D. follow (19. 25), lead (16. 59), be characteristic of (28. 17)
fylgjuengill m. guardian angel
fylgjukona f. = *fylgja*
fylki n. district, province
fylking f. battle array, host
fylkingararmr m. wing of army
fylkja wv. + D. draw up (battle array, 34. 21)

fyrir, fyr prep. + D. before, in front of, ago, because of, from (19. 4), at the hands of (16. 92), over, off + A. for (5. 11), as (6. 10), along, past (16. 17): *vestr f.* westwards *f. ofan* above, down over (25. 78); *f. norðan* north of (16. 15); *út f.* outside (25. 48); *f. því at* because, as; *mikill f. sér* powerful (33. 54) *as adv.* ahead, present, in the way

fyrirboðan f. foreboding

fyrirboðsmaðr m. invited guest

fyrirburðr m. vision, foretoken

fyrirheit n. promise

fyrr, fyrri (34. 15) adv. cmpr. before, sooner (22. 70), ahead (22. 63), rather; *f. en* conj. sooner than, before (18. 41); *fyrst* adv. supl. first; *sem f.* as soon as possible (18. 36)

fyrri a. cmpr. former: supl. *fyrstr* first, foremost

fyrrum adv. formerly, before

fæla wv. frighten : M. *fælast* be frightened at (27. 17)

fættask wv. M. grow less, give out

fœða wv. feed, bring up, give birth to

fœra wv. bring, convey, remove (22. 93); *f. upp* set up (34. 61); *f. höfuð* surrender (16. 55)

fölna wv. grow pale

för f. journey

förunautr m. companion

föruneyti n. company, crew

föstudagr m. fast day, Friday (34. 17); *f. langi* Good Friday

G.

gagn n. advantage, use

galdr m. magic song, charm; plu. witchcraft, sorcery

galgi m. gallows

gamall a. old

gaman n. game, sport, delight

ganga sv. R. walk, go (in poetry + G. 41. 9), sail, ride, last; be valid, be in force (laws, 5. 1); *g. at* approach; *g. á* break, go aboard (32. 15); *g. (á) móti* go to meet (12. 19); *g. í brott* go away (11. 62); *g. fram*, step forward, advance (34. 31), increase (27. 3), happen (22. 45); *g. við* confess (24. 28); *g. út* go out impers. *gengr til* (+ D. of person) one has a reason for (22. 25)

gapa wv. gape

gapríplar m. plu. 'gaping poles' (30. 32 N.)

garðr m. fence, wall (19. 43), house (16. 38), courtyard (41. 92)

garn n. yarn, warp

garpr m. bold, dauntless man

gaumr m. heed, attention

gauzkr a. from Gautland

gá wv. + G. pay heed to

gáta f. riddle

geðjaðr a. inclined, minded

gefa sv. 5 give, grant (10. 29), give in marriage (12. 14); *g. upp* forgive (33. 15); *g. sér eigi at* take no notice (19. 16) M. *gefast* give oneself impers. get a chance (25. 79); *henni hefir illa gefit* she has ill luck (33. 6)

gegna wv. signify

gegnt prep. + D. opposite to

gegnum, í gegnum prep., adv. through

geirr m. spear

geirsoddr m. point of spear

geisl m. ray, beam

gella wv. bellow, roar

gestr m. guest

geta sv. 5 get, guess + G. (36 b. 15 : riddle, 43. 13) *w. past participles of other verbs* be able to (28. 11) *also used as aux. vb. with infin.*

getinn a. begotten

gipta wv. give away in marriage

gista wv. put up at

gísl m. hostage

gjaforð n. match (marriage, 26. 63)

gjald n. tribute

gjalda sv. 3 (*galt, guldu, goldinn*) pay, repay, give, yield

gjarna adv. willingly

gjöf f. gift

glaumr m. uproarious merriment

gleðimaðr m. jovial person

glertölur f. plu. glass beads

gleypa wv. swallow

glóð f. red-hot embers

gluggr m. window

goð n. heathen god

goði m. heathen priest

goðorð n. chieftainship, community under control of *goði* (20. 5 N.)

góðr a. good

góðvili m. goodwill

gólf n. floor

grafa sv. 6 dig, bury : *g. niðr* bury

gras n. grass

grautr m. porridge

gráfeldr m. grey furred cloak

grár a. grey

gráta sv. R. weep

grefr m. hoe, spade

greiða wv. unravel, pay; *g. hár* comb hair (14. 63)

greifi m. earl

grein f. reason; *gera g. á* explain (22. 36)

grey n. dog

gri**ð** n. plu. truce, quarter, peace.

gri**ð**ungr m. bull

grimmr a. wroth; ver**ð**a g. hate (33. 14)

gripr m. article of value, treasure

grípa sv. 1 seize

grjót n. stones

gróa sv. R. grow, produce

gró**ð**r m. growth, crop

gruna wv. impers. mik grunar I suspect

grunnfall n. breaker

grœnlenzkr a. from Greenland

gröf f. pit, ditch, grave

Gu**ð** m. God

gu**ð**ní**ð**ingr m. apostate

gull n. gold

gullband n. golden band

gullhringr m. gold ring

gullhyrndr a. golden-horned

gumi m. man

gæfa f. good luck

gægr a. squinting

gæta wv. watch, guard

göfugr a. noble, wealthy

göra, gera wv. do, make (4. 11), build (5. 7), send (11. 9); g. til saka transgress (16. 144) M. görast become (9a. 1), happen (33. 26) impers. ger**ð**i storm a storm arose (32. 11)

görr a. ready, accomplished, settled (A. fem. plu. görvar 39. 11)

H.

haf n. sea

hafa wv. have; h. til possess; h. aldr til be old enough (22. 10); h. mikit vi**ð** make a great display (28. 15) M. hafast dwell, abide

hafgula f. sea breeze

hafr m. goat

hafskip n. (ocean-going) ship

haftr m. prisoner

hagleikr m. skilled in handicraft

hagliga adv. neatly, skilfully

hagr m. affairs, character (22. 23)

halda sv. R. + D. hold, keep + A. retain (34. 64), maintain (17. 1), observe (22. 50), shelter (11. 9); h. á take hold intrans. steer (11. 7), make for; h. in me**ð** steer into (25. 51) M. haldast continue, last (5. 8), be saved (16. 23), be valid

hali m. tail

halla wv. lean; h. til distort (story, 33. 37)

hallæri n. bad season, famine

hamargnípa f. peak of crag

hamarr m. hammer

hamhleypa f. human being in anima form

hamingja f. guardian spirit, luck, fortune (16. 99)

hanga sv. R. hang, be hanged

hann pers. prn. he §57

hannyr**ð** f. skill, fine work

happfró**ð**r a. one whose learning comes à propos

har**ð**fengr a. warlike, quarrelsome

har**ð**huga**ð**r a. determined, obstinate

har**ð**r a. hard; ganga hart go quickly (13. 43)

har**ð**ræ**ð**i n. hardiness, difficulties (15. 13)

harki m. rubbish

harmr m. sorrow (18. 48), wrongs (16. 157)

hasla wv. mark out by hazel poles; h. völl challenge to fight (35. 8)

haugr m. mound, barrow

hauss m. skull

haust n. harvest season, autumn

haustbo**ð** n. autumn feast

há**ð** n. mocking

háflœ**ð**r f. high-tide

háleitr a. exalted

hálfr a. half

hálmbúst n. flail

háls m. neck

hálshöggva sv. R. behead

hár¹ a. high, tall, loud (16. 173)

hár² n. hair

hárfagr a. fair-haired

háskasamligr a. dangerous

háski m. danger, peril

hásæti n. the 'high seat,' seat of honour

hátí**ð** f. festival, feast-day.

hátta wv. + D. arrange, order

háttr m. custom (26. 5); *þess háttar* of that kind (26. 11); plu. conduct, behaviour (26. 35)

hefja sv. 6 heave, raise, begin; h. upp begin (poem, 16. 173; saga, 36b. 20) M. hefjast begin (6. 5) impers. be carried, drift (11. 30)

hefna wv. avenge

hei**ð**inn a. heathen

heilagr a. holy

heill¹ n. and f. luck; me**ð** heilu safe and sound (32. 26)

heill² a. safe (19. 33), sound (limb, 22. 55), blessed, happy

heilsa wv. greet, welcome

heim adv. home, homewards

heima¹ adv. at home

heima² n. home; eiga h. live (34. 50)

heiman adv. from home, away

heimboð n. invitation, feast
heimill, heimull a. entitled to; *göra h.* allow (16. 128); *eiga h.* have at one's disposal (29. 8)
heimr m. home, dwelling, the earth
heimta wv. claim, recover (41. 31), collect (14. 4)
heit n. promise, vow
heita sv. R. give a name to, call (+D. of person), promise (9. 12), invoke (28. 24), appeal intrans. be called (3. 3)
M. *heitast* vow
heldr adv. cmpr. more, rather; *after negative* but, on the contrary (9a. 8); *at heldr* any the more (33. 44)
helga wv. hallow, sanctify; *h. sér heraÐ* appropriate land by performing sacred rites (15. 17)
helgistaÐr m. holy place
heljarmaÐr m. man of hell, devil
hella¹ f. flat stone, slab
hella² wv. pour out
helmingr m. half
helvíti n. hell
helzt adv. soonest, especially
henda wv. catch, befall
heraÐ n. district
heraÐsstjórn f. administration of a district
heraÐsþing n. local district assembly
herbergi n. room, house
herbúnaÐr m. armour
herÐa wv. make hard; *h. huginn* take heart (16. 34); *h. á* press, try to persuade (26. 50)
herÐimaÐr m. hardy man
herfang n. booty
herja wv. raid
herkonungr m. pirate king
hermaÐr m. warrior
hernaÐr m. raiding
herra m. master, lord
hersir m. chief
hestr m. horse
heygja wv. bury, 'how'
heyra wv. hear, listen to
M. *heyrist*; impers. one thinks one hears
héÐan adv. hence
hégómi m. falsehood, folly
hér adv. here: *h. um* as regards this
himinn m. heaven
himinríki m. kingdom of heaven
hindrvitni f. idolatry, superstition
hingat adv. hither
hinn demonst. prn. §60
hirÐ f. bodyguard (of king or earl)
hirÐa wv. mind, care for
hirÐmaÐr m. retainer, king's man

hitta wv. come upon, find, meet
M. *hittast* meet one another (16. 2)
híbýli n. homestead
hjallr m. platform
hjarta n. heart
hjá prep. +D. by, near, with, present (26. 54), in comparison with (23. 12)
hjálmr m. helmet
hjálp f. help
hjálpa sv. 3 help
hjón n. married couple, household, domestics [= *hjú*]
hjú n. household
hjörÐ f. herd, flock
hlaÐa sv. 6 pile up, build (14. 16), load (ship 21. 3)
hlaÐbúinn a. ornamented with lace
hlaupa sv. R. leap, jump, run; *h. á* spring up (gale, 18. 11)
hlaut f. blood of sacrifice
hlautbolli m. sacrificial bowl
hlautteinn m. rod (for sprinkling blood)
hliÐ f. side, slope
hliÐveggr m. side-wall
hlíta wv. rely on, abide by
hljóÐ n. a hearing, silence; *fá h.* get a hearing (31. 7)
hljóÐr a. silent, quiet; *fara hljótt* keep secret (33. 78)
hljóta sv. 2 get
hlutfall n. casting of lots
hluti m. part, share, fate (16. 133)
hlutr m. lot, share (22. 88), turn (24. 6), thing (16. 138)
hlýÐa wv. listen (33. 33), be fitting (18. 64)
hlýÐni f. obedience, assistance
hlæja sv. 6 laugh
hnjóskulindi m. tinder belt
hof n. heathen temple
hofgoÐi m. temple priest
hollr a. faithful, loyal, gracious
holt n. hill-side, bare slope
hon pers. prn. §57
horfa¹ wv. (pret. *horfÐi*) turn, gaze
horfa² wv. (pret. *horfaÐi*) waver, yield
horfinn p.p. of *hverfa*, surrounded
horn n. horn
hornaskvol n. clank of drinking horns
hosa f. hose, legging
hóll m. hill, knoll
hólmi m. islet
hrafn m. raven
hreinsa wv. make clean
hremsa wv. clutch
hressa wv. refresh; M. *hressast* cheer up (18. 71)
hreystimaÐr m. valiant man
hrinda sv. 3 push, thwart (+D.)
hringja f. buckle

hringr m. ring
hrista wv. shake
hríð f. a while; um h. for a while
hrósa wv. +D. praise; h. sigri triumph
hrynja wv. fall down, hang down
hræ n. dead body, carrion
hræða wv. frighten; M. hræðast fear,
dread (9a. 33)
hræddr a. afraid
hræll m. weaver's rod (34. 63 N.)
hugi m. mind
hugprúðr a. stout-hearted
hugr m. mind, heart
hugsa wv. think, resolve
hundr m. dog, hound
hundrað n. hundred
hundvíss a. very wise, cunning
hurð f. door
húðkeipr m. canoe of skin
hús n. house
húsfreyja f. mistress of house, wife
húskarl m. household follower, re-
tainer, man
hvaðan adv. whence
hvalr m. whale
hvar adv. where, anywhere; h. sem
wherever (14. 33); h. meiri much
more
hvass a. sharp, keen, fresh (wind,
16. 20); neut. cmpr. adj. as adv.
hvassara more keenly (41. 102)
hvat (D. hví) neut. prn. (a) inter-
rog. what? what sort of? (b) indef.
pron. each, every; h. sem, whatso-
ever
hvatleikr m. sharpness, boldness,
alertness
hvárgi indef. prn. neither; n. hvárki
(as adv.), h...né neither...nor (10. 19)
hvárr prn. which, each (of two),
both
hvárrtveggi (more often hvárrtveggja)
prn. each (of two), both
hvárt (neut. of hvárr) interrog. adv.
whether? (11. 17)
hveiti n. wheat
hveitiakr m. wheat field
hverfa sv. 3 turn round, disappear
(24.16); h. (á) brott disappear (25. 62)
hvergi¹ adv. nowhere
hvergi² prn. each, every one
hverigr [=hvergi] indef. prn. (declined
as adj.) each, every one; whosoever
hvernig (=hvern veg) adv. how (16.
189)
verr prn. (a) interrog. who, which,
what? (b) indef. each, every one
(+G.); h. er, h. sem whosoever
(36b. 5); h. at oðrum one after an-
other (34. 35)

hverskonar a. of every kind
hversu adv. how
hvervetna adv. everywhere; h. þess er
wheresoever that
hvessa wv. sharpen; h. augun á look
hard at (16. 68)
hvetja wv. whet, encourage, sharpen
hvé adv. how?
hví (D. of hvat) for what? what?; h.
sætti what was the reason? (22. 23)
hví adv. why?
hvílíkr a. of what kind (33. 17)
hvílugólf n. bedroom
hvítr a. white
hyggja wv. think, intend, believe, guess,
think out (riddle 43. 9); h. til look
forward to (22. 33)
hylja wv. hide, cover; fara huldu
höfði go disguised (16. 31)
hylli f. favour
hyrna f. horn, point of axe-head (nick-
name 15. 9)
hæð f. height, hill
hætta¹ wv. risk, venture (28. 11)
hætta² wv. leave off, stop (36 b. 25)
hættligr a. dangerous
hœfa wv. þat h. honum it happens to
him (9a. 22)
hœgindi n. bolster, pillow
hœns, hœnsn n. plu. hens
höfðingi m. chief, ruler
höfðingliga adv. nobly, generously
höfuð n. head
höfuðstaðr m. capital
högg n. blow, stroke
höggva sv. R. strike, smite, behead
(16. 83)
höll f. hall, large house
hönd f. hand, side (30. 27); á hendr
against (14. 18), on behalf of (10.
41); í h. out of hand; at once (26.
62)
hörfa wv. retire, draw back
hörgr m. altar (12. 29 N.)
hörpustokkr m. harp-frame, case (23.
37)
höttr (hattr) m. hood

I.

il f. sole of foot
illa adv. badly; cmpr. verr; supl.
verst
illiliga adv. hideously
illiligr a. hideous, ugly, grim
illr (íllr) a. bad, ill (25. 73), evil, untidy
(25. 100 N.)
inn adv. in, into; cmpr. innar further
in; innar frá further in (33. 23);
supl. innst furthest in (30. 20)
inn, in, it, the definite article, § 63

innan adv. from within, inside; *fyrir i*, prep. +A. within (11. 44)
innanverðr a. inward, interior (12. 25)
innganga f. entrance
inni adv. indoors, therein

Í.

í prep. +D. in, within, in regard to. *Also used as equivalent to the G. or possessive prn.* +A. in, into, during
Íslandsferð f. voyage to Iceland
Íslendingr m. Icelander
íslenzkr a. Icelandic
íss m. ice

J.

jafna wv. cut even, trim
jafnan adv. constantly, always
jafndrjúgr a. equally long-lasting
jafnmargr a. as many
jafnmikit a. neut. as much
jafnræði n. equal match
jafnsáttr a. reconciled
jafnskjótr a. equally swift
jafnsnemma adv. at the very same moment
jarðarmen see *jörð*
jarl m. earl, 'jarl'
jarldómr m. earldom
jarlsbœr m. earl's house, court
jarlsmaðr m. earl's man
járn n. iron, tool
játa wv. +D. consent
jól n. plu. Yule, Christmas
jólaaptann m. Christmas Eve
jóladagr m. Christmas Day
jós see *ausa*
jörð f. earth, land, estate; *jarðarmen* n. a sod, turf
jötunn m. giant

K.

kafa wv. dive, be swamped (boat, 18. 13)
kaldr a. cold
kalekr m. cup, chalice
kalla wv. call, shout, say (9 a. 15), name (11. 3); M. *kallast* say of oneself (26. 37)
kambr m. comb
kanna wv. explore, search
kapp n. zeal, ardour: *leggja k.* show zeal (16. 168)
kappi m. hero, champion
kappsamr a. vehement, insistent (30. 37)

karl m. man (12. 13), commoner, beggar (34. 41)
karlmaðr m. man, male (opp. to female, 25. 32)
kasta wv. +D., throw, fling (9 a. 19), cast (anchor, 25. 43); *k. aptr* close up (13. 54); *k. fyrir borð* throw overboard (11. 26); *k. trú* renounce one's faith (33. 89)
kattskinn n. cat's skin
kattskinnsglófi m. glove of cat's skin
kaup n. bargain, bride-price (30.53 N.); *eiga k. við* trade with (28. 6)
kaupa wv. buy
kaupeyrir m. article of trade, cargo
kaupferð f. trading voyage
kaupmaðr m. trader, merchant
kaupstefna f. market-place
kálfr m. calf
kálfskinnsskór m. shoe of calf-skin
kálfsþarmr m. gut, intestine of calf
kátr a. merry
kefli n. wooden rod
keipr m. rowlock, canoe
kenna wv. know, recognise (15. 6), teach (4. 21), attribute (6. 6); *k. við* name after (15. 18)
kennimaðr m. teacher, priest
kenningarnafn n. surname, nickname
kertastika f. candle-stick
kerti n. wax candle
kertisljós n. candle-light
ketill m. kettle, cauldron § 14 (3)
kiðjamjólk f. milk of a kid
kinn f. cheek
kirkja f. church
kirkjugerð f. church building
kista f. chest (19. 46), coffin (24. 19)
kjósa sv. 2 choose (10. 18)
kjölr m. keel
kjötstykki n. piece of meat
klaka wv. twitter (16. 115)
klappa wv. knock
klé m. a weight to keep taut the threads of a warp (34. 61 N.)
klóra wv. scratch
klýpa wv. pinch, nip
klæða wv. clothe (13. 26); *k. sik* dress oneself
klæði n. cloth, clothing (33. 40), garment (31. 18)
knappr m. knob, button
kneppa wv. button
kné m. knee § 28 (4)
knífr m. knife
knýta wv. knit, fasten by knot, tie (10. 56)
knörr m. merchant ship (opp. to *langskip*, 31. 15)
kol n. plu. coals

koma sv. 4 come, happen, make come (+D.), put
w. preps. k. aptr return (3. 12); k. at recover (41. 134); k. á hit (8. 22); k. upp turn up (lots, 10. 7); k. til cause (36 b. 10), concern (26. 8); k. við touch, put in at (16. 16) M. komast get through, enter (25. 85); k. af, k. undan escape (17. 30); k. við be able (22. 89); k. yfir get across (34. 56)
kona f. woman, lady, wife
konar [G. sg. of obs. konr kind] alls konar of all kinds (25. 53)
konungdómr m. kingdom
konungmaðr m. royal person, king
konungr m. king; taka k. accept as king, elect as king
konungs-garðr m. king's house, courtyard; -nautr m. king's gift
korn n. corn
kosta wv. exert oneself, strive
kostnaðr m. cost, expense
kostr m. choice, alternative (8. 3), match (30. 50), condition (33. 61)
kraki m. thin pole (used as nickname)
krás f. delicacy
krefja wv. crave, demand
kristinn a. Christian
kristni f. Christianity
kristniboð n. preaching the gospel
Kristr m. Christ
kross m. cross, crucifix
kryfja wv. cut open
kunna v. § 87 know, know by heart (36 a. 1), be pleased (12. 20), chance, happen, to be able (+infin.)
kunnátta f. skill, magic
kunnigr a. known, well acquainted
kváma f. arrival
kván f. wife
kveða sv. 5 say, recite, repeat (26. 52); k. upp declare (22. 43): M. kveðast say of oneself (24. 14)
kveðja¹ f. welcome, greeting
kveðja² wv. call on, summon (35. 22), greet (16. 57), call to witness (13. 35), knock (22. 59 N.)
kveikja wv. light, kindle
kveld n. evening; í kveld to-night (34. 50)
kvennváðir f. plu. woman's clothes
kviðlingr m. ditty, lampoon
kvikvavöðvi m. calf of leg
kvik(v)endi n. living creature: in plu. animals (opp. to men, 11. 54)
kvistr m. twig, branch
kvæði n. poem, song
kvænast wv. M. get married
kykvendi = kvikvendi

kynda wv. kindle, light
kynkvísl f. lineage, line of descendants
kynsmaðr m. kinsman
kyrr a. still, quiet
kyrtill m. kirtle, tunic, cloak
kyssa wv. kiss
kýll m. bag, scrip
kýr f. cow
kærleikr m. friendly terms, intimacy
kærr a. dear, beloved; k. at fond of (8. 17)
köttr m. cat

L.

lag n. position (7. 4), alliance (14. 52); sofa í lengra lagi sleep longer than usual (13. 28)
lagsmaðr m. companion
lambskinnskofri m. bonnet of lamb's skin
land n. land; taka l. to land
landakostr m. quality of land
landaleit f. voyage of discovery
landnám n. settlement, claim
landsfólk n. people of the land
landskyld f. rent of land
landsnytjar f. plu. produce of the land
landsréttr m. law of the land
landsuðr n. south-east (32. 11 N.)
landvörn f. defence of the land
langr a. long; neut. langt long, at length (8. 15); far
langskip n. warship
langæð f. long duration
laug f. bath
laun f. secrecy; á laun secretly
launa wv. reward (31. 13), requite (10. 44)
launtal n. secret talk
lausafé n. movable property, movables
lauss a. loose
lax m. salmon
laz n. lace
láð n. (poet.) land, fief
lát n. loss, death
láta sv. R. let, place (6. 13), leave (25. 25), forsake (16. 136), allow (11. 67), behave (19. 30), sound (25. 95), shoot (bolt, 18. 45), lose +infin. let, make, cause (5. 14)
w. preps. l. eptir leave behind; l. í haf put out to sea (16. 14); l. vel yfir express approval (33. 69); l. við answer (prayer, 25. 61); l. upp open (16. 53); l. sér fátt um finnast not to think much of, make light of; l. sem make as if
M. látast profess, declare (of oneself) (12. 20)
látinn p.p. dead

leggja wv. lay, place, appoint, fix (4. 4), build, assign, stab, thrust (9 a. 25), levy (32. 5), fall (snow), steer (11. 35 : 33. 87)
w. preps. *l. á* determine (10. 30); *l. hug á* set one's mind on (16. 100); *l. fram* lay down (life, 16. 170); *l. eld í* put fire to (7. 4); *l. til* endow (6. 4); *l. ráðin til* instruct (10. 46); *l. til fund* have a meeting (28. 6); *l. fátt til* say little (22. 23) impers. it turns, is driven (smoke 5. 17: 19. 37)
M. *leggjast niðr* lie down (13. 24)
leið f. way, course, distance
leiða[1] wv. lead (24. 9), bury (12. 30); *l. upp* lead captive (32. 20); *l. í brott* see off (18. 75)
leiða[2] wv. make a person loathe
M. *leiðast*, impers. get tired of (4. 3)
leiðangr m. levy, sea expedition (14. 32 N.)
leiðr a. loathed, disliked, loathly
leita wv. seek, search (+G.); *l. ráða* seek advice (2. 3)
w. preps. *l. at*, *l. eptir* seek for (26. 42 : 17. 20); *l. til* attempt (16. 132); *l. við* apply to (26. 50), try (18. 67)
M. *leitast um* search, look about
lemja wv. thrash, beat, disable
lenda wv. land
lendrmaðr a. baron (16. 137 N.)
lengi adv. long; cmpr. *lengr* (23. 17), supl. *lengst*
lengja wv. lengthen
lengstum adv. mostly, most of the time
letja wv. hinder, dissuade (33. 62)
leyfa wv. allow, permit
leyna wv. hide, conceal
M. *leynast* conceal one's identity (16. 31); *l. í brott* steal away
leyndr p.p. secret
leyniliga adv. secretly
leysa wv. loosen: M. *leysast* get away, escape (16. 69)
leysingi m. freedman
létta wv. improve, abate (26. 9), desist from, stop (34. 2); impers. end (16. 99)
lið n. host (10. 4), folk, people, aid (33. 20)
liðsemd f. assistance
liðsinni n. help, assistance
liðveizla f. succour, support
lifa wv. live
liggja sv. 5 lie: w. preps. *l. á* oppress (26. 61), attend (22. 51); *l. úti* lie off (boat, 33. 70) ; *l. við* lie at stake (32. 20)
lim n. foliage, branches

limar f. plu. branches
limr m. limb
lindi m. belt, girdle
litast wv. M. *l. um* look about (25. 54)
litr m. colour
líða sv. 1 go, glide, happen (23. 35)
w. preps. *l. fram* wear on (36 b. 8); *l. á* draw to a close (22. 32), impers. *líðr at* draw near (9 a. 1), draw near to one's end (sick man 23. 43); *líðr fram* proceed (18. 71)
líf n. life; G. *lífs* alive (16. 74)
lífdagar m. plu. life, 'days' (7. 1)
lífvænn a. with hope of recovery
lík n. body
líka wv. please (+D.)
líking f. shape, form
líkligr a. probable, credible
líkr a. like
lím n. lime, mortar
lín n. linen
líta sv. 1 look, gaze (11. 61); *l. á* consider (16. 91): M. *lítast* (impers.) seem, appear
lítill a. small, little: *litt* adv. little
lítillátr a. condescending, modest
lítilmannligr a. undignified
lítilmenni n. small-minded person
ljá wv. +G. lend
ljóð n. verse, song
ljóss a. light-coloured, bright (22. 68), clear, evident, plain
ljósta sv. 2 strike (14. 55); *l. niðr* throw down (24. 7)
ljótr a. ugly
ljúga sv. 2 lie, treat falsely (33. 37); *l. frá* tell lies
loðinn a. hairy, shaggy
lof n. praise
lofa wv. praise, laud
lofkvæði n. laudatory poem, panegyric
lofsorð n. praise
log n. flame
loga wv. burn with flame, blaze
logn n. calm; *veðrit féll í l.* it fell dead calm (37. 4)
loka f. bolt (on door, 18. 23)
lokhvíla f. locked bed, closet (18. 43)
lokrekkja f. locked bed
lopt, loft n. air; *í lopti* aloft (41. 39): attic (16. 97)
lúfa f. matted hair, 'shock-head'
lúka sv. 2 shut (+aptr 18. 20), end (poem, 16. 175), finish (18. 21), break up (meeting, 29. 5), spoil (18. 60)
impers. *lýkr* (+D.) be at an end; *lauk svá* it so ended (18. 13)
w. preps. *l. aptr* shut; *l. upp* open
M. *lúkast* be shut (3. 11); *l. upp* open

lúta sv. 2 bend, stoop, yield
lygi f. lie, falsehood
lykill m. key
lykt f. end; *at lyktum* finally
lysta wv. desire (usu. impers.)
lýsa wv. light up, proclaim: impers. *lýsir* it dawns (16. 120): *lýsa yfir* make known (16. 9)
lýsing f. daybreak, dawn
lægð f. hollow, low-lying land
lœkr m. brook, river
lög n. plu. law, laws
lögr (D. *legi*) m. sea
lögtaka wv. receive, accept by law
löngum adv. long, continuously

M.

maðr m. human being (either sex), man, husband
magna wv. charm, make strong with spells (19. 20)
magr a. lean
makligr a. meet, proper, fitting
mannaðr a. manned, accomplished (22. 31)
mannaferðir f. plu. men's journeys, movements
mannahöfuð n. human head
mannareið f. body of horsemen
mannaskipti n. plu. exchange of men, hostages (4. 15)
mannfall n. slaughter
mannfjándi m. human fiend
mannfjöldi m. multitude, large force
mannfundr m. meeting, assembly
mannsaldr m. generation
mannsmót n. distinction
margkunnigr a. learned in many things (i.e. in magic)
margr a. many, much: *as subst.* many a one (19. 9): neut. *mart* many things (16. 140), *m. manna* many men
mark n. mark, token, sign; *þykkja mikit m.* set great store (23. 45)
marka wv. mark
marr (poet.) m. horse, steed
matborð n. trestle-table set up for meals; *sitja yfir m.* sit at table (16. 42)
matbúa sv. R. cook
matföng n. plu. provisions, food
matr m. food, meat
matsveinn m. cook
mágr m. relation by marriage (son-in-law, brother-in-law etc.)
mál[1] n. measure, time
mál[2] n. speech (16. 24), case (11. 12), matter (13. 9), plight (25. 78); *á máli* in council (41. 57)

málkunnigr a. acquainted
mánaðr m. month
máttr m. strength; health (13. 27)
með prep. +A. with, among: *more usu.* +D. with, full of (19. 3), along, past (25. 24); *með öllu* altogether (9 a. 20); *m. því at* because; *ok þat m.* also
meðal (á **meðal**) prep. +G. among, between
meðan (á **meðan**) adv. meanwhile, while (16. 174): *m. er* so long as
meðferð f. actions
mega v. § 87 be able to do, be able (+infin.), how one is (health)
megin adv. *hvárumtveggja m.* on both sides (11. 33)
meginland n. mainland
meiðmar (poet.) f. plu. treasures
meiðslasár n. serious wound
mein n. hurt, injury
meiri see *mikill*
meirr adv. cmpr. more
melrakki m. arctic fox
men n. necklace
menntr p.p. accomplished
merki n. banner
merkiligr a. noteworthy (22. 24), distinguished (22. 27), remarkable (23. 44)
merkismaðr m. banner-bearer
mersing f. brass
mersingarspónn m. brass spoon
messa f. mass
messudjákn m. deacon
mest adv. supl. most, almost, greatest
meta sv. 5 estimate, value, esteem
metandi (plu. *metendr*) m. an appraiser
metinn p.p. esteemed
mér, mín, mik see *ek* § 56
miðla wv. share
miðr a. middle
mikill a. big, tall, great, much, severe (weather 25. 56) neut. *mikit* as adv. *svá m.* so much (14. 9): cmpr. *meiri*; supl. *mestr*
mikilmenni n. prominent, outstanding man
mikla wv. make great: M. *miklast* acquire fame (16. 161)
(í) milli (**millum**) prep. +G. between; *fara m. landa* voyage from land to land
minn prn. my, mine
minni a. cmpr. less; supl. *minnstr*
minning f. remembrance, memorial, observance
misgöra wv. transgress, break the law
miskunn f. mercy, grace
miskunnsamr a. merciful

mislíka wv. dislike, be displeased with
mislyndi n. uncertain temperament, disposition
missa wv. miss, lose (9 a. 12); *hafa mikils mist* suffer great misfortune (16. 92)
mjólk f. milk
mjór (A. *mjófan*) a. slender, thin
mjúkr a. gentle, courteous, agile
mjöðr m. mead
mjök adv. very, much, greatly
mold f. earth (11. 23), dust
morðvíg n. murder
morginn m. morning: *um m.* (*eptir*) next morning (10. 48)
mosi m. moss
móðir f. mother
mót¹ n. meeting; *til móts við* to meet, join; *vera til móts* be opposite; *á mót(i), í mót(i)* in reply (25. 98), in exchange (4. 6), to meet (25. 99)
mót² n. image, stamp; *með öllu móti* of every sort; *með engu móti* under no circumstance (11. 67)
móti (*í móti*) prep.+D. against, contrary to, towards
mótlauss a. without a join
muna v. § 87 remember
mungát n. ale, small beer
munnr m. mouth
munr m. difference. D. *muni*+cmpr. considerably (18. 51)
munu v. § 87 shall, will, must, will (in question, 41. 11): in pret. would (41. 14), must
mynd f. shape, form
myrkva wv. grow dark: *m. tók* it grew dark (16. 19)
mýkja wv. smooth, soften: M. *mýkjast* be softened
mæla wv. speak, settle; *m. til* demand (33. 74); *m. um* utter
mær (A.D. *mey*) f. maid
mœðgur f. plu. mother and daughter
mœta wv.+D. meet: M. *mœtast* join (25. 89)
mögr (poet.) m. boy, son
mön f. mane
mörk f. mark (31. 19)

N.

nafn n. name
nagl m. nail
nauðigr a. unwilling, reluctant
nauðsyn f. need, necessity
naut n. cattle
ná wv. get hold of
nánd f. neighbourhood
nátt f. night
náttúra f. nature; in plu. spirits

náttverðr m. supper
náttvíg n. night slaying
neðan adv. below; *fyr n.* (+A.) below
neðarliga adv. low down
nef n. nose, head, person (5. 11)
nefna wv. name (as witness, 30. 35), call upon, mention (13. 31: 19. 1)
nefna f. naming, nomination
nema¹ sv. 4 take, take possession of (12. 25), learn by heart (36 b. 36), begin (41. 3); *n. staðar* stop, halt (34. 48)
nema² conj. except, unless, save
nes n. ness, headland
nezla f. loop (for button)
né adv. nor (after prec. neg.)
niðr adv. down
niðri adv. down, below
níða wv. hold up to public scorn
níðingsverk n. villainy, dastard's deed
níu card. no. nine
njóta sv. 2+G. enjoy, derive benefit from
norðan adv. from the north
norðanveðr n. north wind
Norðmenn m. plu. Northmen, Norwegians
norðr¹ adv. northwards
norðr² n. the north
Noregskonungr m. king of Norway
norn f. norn (23. 12)
norrœnn a. Norwegian, Norse
nóg adv. enough
nónskeið n. at noon (i.e. about 3 p.m. according to Norse reckoning)
nótt f. night; *í nótt* to-night
nú adv. now
nýr a. new
nýta wv. make use of, eat
nær prep.(+D.) and adv. near, towards, nearly: cmpr. *nærr*: supl. *næst*; *því næst, þessu n.* thereupon (9 a. 18): when
nærgætr a. guessing near the truth
næstr a. supl. next (30. 20)
næstum adv. recently, the last time
nökkurr (**nökkverr**) indef. pron. anybody, some, anything, something
nökkut adv. somewhat (16. 99), rather
nös f. nostril

O.

oddr m. point
of n. (+G.) great quantity, number
of adv. too; *of lengi* too long (18. 51); *w. neut. of p.p.* too (22. 74)
ofan adv. from above, downwards (10. 55), down (19. 49); *fyrir o.* above (16. 67); *þar á o.* in addition, over and above that (16. 78)

ofreflismaðr m. powerful man
ok conj. and, as, also. *Often used for
relative* er
okkr prn. see *ek* § 56
olea wv. anoint with oil
opinn a. open
opna wv. open: M. *opnast* be opened
opt, optliga advs. often, frequently
orð n. word, report; *taka til orða* begin
to speak (10. 17)
orðaskil n. plu. *nema o.* to catch what
is said (11. 80)
orðgífr n. sharp-tongued woman, shrew
orrosta f. battle
oxi m. ox

Ó

ó- the neg. prefix *un-*; see under *ú-* for
words beginning *ó-*
óðal n. ancestral property, freehold
land, patrimony (14. 2 N.)
óðfúss a. madly eager, impatient
ógurligr a. terrible
ór prep. + D. out of, without

P.

pallr m. [cross] dais [at the end of the
hall]
pálmadagr, pálmdróttinsdagr, pálm-
sunnudagr m. Palm Sunday
pálstafr m. halberd
peningr, penningr m. coin, money,
penny (= ¹⁄₁₀ of *eyrir*)
postoli m. apostle
prestr m. priest

R.

rauðr a. red
rauðskeggjaðr a. red-bearded
rausnarmaðr m. a man who lives in
great state
ráð n. counsel (4. 11), advice (2. 3),
plan, example (18. 42), fate (23. 11),
marriage, match (30. 51), control
(13. 14); *göra r. sitt* make up one's
mind (16. 30)
ráða sv. R. advise, instruct, deliberate
(41. 58), decide (4. 14), rule (+ D, 1.
1), command (14. 40), choose (23. 34)
w. preps. *r. um* deliberate about;
r. af resolve (16. 35)
M. *ráðast til ferðar* undertake voyage
(25. 2); *r. til félags, liðs* join forces
(12. 6: 17. 14); *ráðast* attempt (19.
19)
w. infin. to begin to (41. 4)
ráðagörð f. plan, design
ráðgjafi m. counsellor
ráðsmaðr m. counsellor, leader

rás f. race, running
refsingarlaust adv. unpunished
reginnagli m. sacred nail (11. 46)
reiða wv. lift (kettle, 19. 36)
reiðast wv. M. get angry
reiði f. wrath, displeasure
reiðr a. angry
reiðskjóti m. means of transport, horse
reiðuliga, reiðiliga adv. angrily
reiðuligr a. fierce, wrathful
reisa wv. raise, erect, build
reka sv. 5 drive, drive away
reki m. jetsam
rekkja f. bed
remma f. acrid smoke (19. 37)
renna sv. 3 run
reykr m. 'reek,' smoke, steam
reyna wv. try; *r. til* make trial
reyrsproti m. cane
réna wv. fall into disrepair
réttr¹ a. straight, just, correct, out-
stretched (18. 17)
réttr² m. law, decree, right
ribbaldi, m. unruly fellow, 'rough'
rifna wv. be rent, split
ríða sv. 1 ride
rífa sv. 1 rive, tear: *r. ofan ok í sundr*
pull down and tear asunder (34. 64)
ríki n. power, rule, dominion, king-
dom
ríkismaðr m. mighty man
ríkr a. powerful, great, rich
ríkuliga adv. magnificently
rísa sv. 1 rise
rísta sv. 1 cut, carve (runes, 18. 62)
ríta sv. 1 scratch, cut, write
rjóðr n. forest clearing
rjóða sv. 2 redden
rjúfa sv. 2 break a hole in, go through
(34. 31), violate; M. *rjúfast* fail, be
wrong (22. 54 N.)
roskinn a. full grown
ró f. rest
róa sv. R. row
rói m. rest, peace
rúm n. space, room, place, seat
rækr a. outcast
ræna wv. rob, deprive
rœða wv. speak (16. 97)
rödd f. voice
röskliga adv. gallantly, bravely
röst f. league

S.

safna = *samna* wv. gather, collect
saga f. saga, tale, story, history
saka wv. do harm, wrong
sakeyrir m. fine, levy
sakir, sakar prep. + G. *fyrir s.* for the
sake of

sakleysi n. innocence; *fyrir s.* without due cause (33. 47)
sakna wv. (+ G.) miss
salr m. hall
saman adv. together
samför (usu. in plu. *samfarar*) journeys together, dealings
sammála a. indcl. agreeing
samr a. the same
samsáttr a. at one, reconciled
samt adv. together; *i samt* continuously, together (9 a. 3)
samværr a. at peace with each other
sandr m. sand, sand-banks
sannnefni n. appropriate name
sannr a. true
sauðamaðr m. shepherd
saurga wv. defile
saurugr a. dirty
sá sú, þat prn. that § 60
sá sv. R. sow, scatter (8. 16)
sáld n. measure
sámr a. swarthy
sár n. wound
sárr a. wounded
sáttr a. reconciled; *verða s. á* agree on (30. 53)
segja wv. say, tell; *s. frá* tell, relate (19. 1); *s. upp* outline (plan, 10. 51)
segl n. sail
seglbúinn a. ready to sail
seiða wv. work a spell
seiðr m. spell, enchantment, incantation, witchcraft
seina wv. to delay; *of seinat* too late
seinn a. late, slow
selja wv. hand over, give, sell (32. 22); *s. i hendr* make over to (13. 37)
sem (*a*) conj. as, in proportion to (41. 38), as, when
(*b*) relative particle, who, which, that
(*c*) after advs. where; *þar sem* where (11. 64): *þangat sem* whither (9 a. 28)
senda wv. send
senn adv. at once
setja wv. set, place (19. 19), hold (*þing* 10. 14), set up (house, 11. 42), appoint (4. 19), establish (law, 5. 1)
w. preps. *s. eptir* leave behind (32. 6); *s. niðr* bury (18. 24)
M. *setjast* take a seat (10. 15), settle (14. 59); *s. niðr* sit down (24. 7)
sex card. no. six
sé see *sjá, vera*
sér see *sik*
sétti ord. no. sixth
siðaskipti n. plu. change of faith
siðr m. custom, faith, religion, rule of life (23. 32)
siðvenja f. custom

sigla wv. sail; *s. undan* sail away (25. 13), ahead (32. 7); *s. fyrir* coast past (25. 36)
sigr m. victory
sigra wv. vanquish, conquer
sigrblót n. sacrifice for victory
sigrsæll a. victorious
sik refl. prn. § 56 himself, herself
silfr n. silver
sinn[1] n. time, occasion (9 b. 2); *at sinni* for the present (22. 43)
sinn[2] possess. prn. his § 58
sitja sv. 5 sit, remain (19. 23); *s. fyrir* be on the spot, ready (41. 105)
sið adv. (+ G.) late; *s. dags* late in the day (18. 10): cmpr. *siðarr*: supl. *siðast*
siða f. side
siðan adv. since (5. 8), then (10. 61), afterwards (11. 38)
siðr adv. cmpr. less
sjaldan adv. seldom
sjaundi ord. no. seventh
sjá sv. 5 see, look; *s. fyrir* decide (16. 45) M. *sjást* fear; *s. fyrir* be cautious (33. 55): in passive sense, *sást jafnan kettir* cats were often seen there (19. 57)
sjálfala a. indcl. finding their own pasture
sjálfr prn. self: *hann s.* he himself; *við sjálft* on the verge of
sjálfráðr a. independent, free: neut. in one's power (33. 7 N.)
sjálfsáinn a. 'self-sown,' wild
sjálfvili m. free-will
sjálfviljandi pres. part. of one's own free will (16. 61)
sjár, sjór, sær (§ 20) m. sea
sjóða sv. 2 boil, cook (25. 73)
sjóferð f. sea-voyage
sjúkr a. sick, ill
skaða wv. impers. harm
skaði m. scathe, harm, damage, loss
skaga wv. jut out
skallat n. scarlet
skammr a. short; neut. *skamt* a short way (16. 27); *skömmum* (D. as adv.) not long (36 b. 21); *fyrir skömmu* recently
skap n. state, mind (30. 41); *vera nær skapi* be to one's mind (13. 41)
skapa wv. shape, assign, ordain (10. 19)
skapfeldr a. agreeable
skaplyndi n. mood, disposition, mind
skarð n. notch, piece
skattgjöf f. tribute
skattr m. tribute, tax (5. 11: 14. 5)
skaut n. corner of cloth, skirt
skáld n. skald, poet
skáldkona f. poetess

skáldskapr m. 'skaldship,' poetry, gift of composing poetry (10. 35)
skáli m. hut, shed, hall, room
skegg n. beard
skeið f. warship, swift vessel; beater-in (weaving 34. 62)
skellr m. blow
skemma f. lady's bower
skemta wv. entertain, amuse, serve as refreshment (13. 41); *s. sér* enjoy oneself (25. 92)
skemtan f. entertainment, amusement
skera sv. 4 cut, carve (11. 28), cut up (10. 54); M. *skerast* cut, stretch, branch; *s. undan* refuse (33. 76)
skerða wv. diminish
skikkja[1] wv. put on a cloak
skikkja[2] f. cloak, mantle
skil n. plu. distinction, discrimination, knowledge, understanding; *vita góð s. á* have favourable knowledge of (32. 32)
skilgóðr a. trustworthy, upright
skilja wv. part, divide; *s. til* stipulate (28. 24); *s. við* divorce (30. 35) M. *skiljast* separate; *s. við* depart from (26. 56)
skillingr m. shilling
skilnaðr m. separation, divorce (33. 14), parting (16. 13)
skilríkr a. trustworthy, honest
skinn n. skin, fur
skinnavara f. 'fur-ware,' furs
skip n. ship
skipa wv. arrange, place in order (+ D., 30. 17), re-arrange (30. 57), occupy (+ A.), be filled (33. 25), man (ship, 11. 6), draw up (10. 6) M. *skipast* undergo a change (16. 90)
skipta wv. divide, decide (16. 99), shift, be of importance (25. 67), make a difference (12. 33) *ef því er at s.* if it comes to that (16. 170); M. *skiptast* change
skipti n. division; in plu. dealings (16. 149)
skipverjar m. plu. crew
skíði n. plu. snow-shoes
skína sv. 1 shine
skíra wv. cleanse, baptize (12. 27)
skírn f. baptism
skjaldborg f. shield-wall
skjálfa sv. 3 shake, tremble (9 a. 28)
skjóðupungr m. skin purse
skjóta sv. 2 (+ D.) shoot (35. 22), pitch (tent, 28. 14), lower (boat, 32. 15) w. preps. *s. fyrir* shoot (bolt, 18. 23), *s. fyrir borð* put overboard (24. 20); *s. um* throw around (34. 25); *s. upp* wash ashore (18. 14)

skjótleikr m. fleetness, speed
skjótr a. swift, fleet; neut. *skjótt*, as adv., speedily (26. 73)
skjöldr m. shield
skora wv. rub; *s. á* challenge, call upon
skorta wv. be lacking
skotskr a. Scotch, Irish
skógr m. wood, forest
skóþvengr m. shoe-string
skríða sv. 1 sail, glide
skrúð n. ornament, apparel
skrök n. false story, invention
skuldalið n. dependents
skulu v. §87 shall (denoting necessity, command, duty, etc.)
skúta f. small craft, skiff
skylda f. due, tax
skyldr a. bound, obliged, subject to (11. 56), related (30. 46)
skyn f. sense, knowledge; *kunna s.* understand (25. 72)
skynda wv. hasten
skær (poet.) m. horse, steed
skökull m. shaft of cart or carriage
skömm f. shame
skör f. hair, locks
sköruligr a. magnificent
slagálar a. plu. saddle-straps
slá sv. 6 strike: *s. hring um* make a ring round (26. 51); *s. sér niðr* lie down (22. 57)
slíðrar, slíðrir f. plu. scabbard, sheath
slíkr a. such: neut. *slíkt*, as adv., in such wise, *slíkt sem hann má* as loud as he could (9 a. 18)
slíta sv. 1 snap, dissolve (+ D. *þingi* 10. 42)
slökkva wv. extinguish
smár a. small, little
smyrja wv. anoint
snarr a. swift: neut. *snart*, as adv., quickly
snemma, snimma adv. quickly, early
snemmbúinn a. ready early
snild f. prowess
snjór m. snow (declined like *sær* § 20)
snúa sv. R.(+ D.) turn (17. 25), plait (41. 20); M. *snúast í mót* turn upon
snær = *snjór*
snœri n. twisted rope, noose
sofa sv. 4 sleep
sofna wv. fall asleep; *vera sofnaðr* be asleep (22. 58)
sonr m. son
sopi m. mouthful
sókn f. attack, congregation
sól f. sun
sólarfall n. sunset
sólarsinnis adv. the way of the sun
sótt f. sickness; *taka s.* fall ill (6. 11)

sóttarfar n. sickness
sóttdauðr a. dead (from sickness)
spakr a. wise
spannarlangr a. a span's length
spara wv. spare
spá¹ wv. prophesy, foretell
spá² f. prophecy
spákona f. 'spae-wife,' wise woman
spámaðr m. man who can foresee the future
spánn, spónn m. chip (used for divining), splinters
speni m. udder
spilla wv. spoil, destroy, mar (16. 100): M. spillast be spoiled, be corrupted (faith, 12. 39)
spjót n. spear, lance
spretta¹ sv. 3 spring up (22. 60)
spretta² wv. unfasten; s. frá loku unlock (18. 44)
sproti m. sprout, rod
spyrja wv. ask, find out (11. 8), hear of (12. 10): M. spyrjast be reported
spyrna wv. spurn: M. spyrnast í iljar touch one another with the soles of the feet (25. 17)
spölr m. slip of wood; bit, short portion
staðfesta wv. s. ráð sitt settle down (13. 6): M. staðfestast establish oneself (15. 2)
staðr m. place
staddr p.p. placed, present; vera við s. be present
stafr m. staff, stick
stalli m. heathen altar
standa sv. 6 stand, blow (wind, 19. 42), weigh (16. 192), stick w. preps. s. af proceed from (26. 62), blow from (7. 5); s. fyrir persist (26. 9); s. til happen (36 b. 34 N.); s. við withstand (33. 72); s. yfir prevail (16. 17) M. standast bear, tolerate (33. 37); s. á correspond (36 b. 29)
starf n. labour, work; vera í starfi be busy (36 b. 19)
starsýnn a. staring; vera s. keep staring (30. 29)
stef m. refrain (of drápa)
stefna¹ wv. stand towards, steer for (naut.), summon
stefna² f. assembly
steinn m. stone; setjast í stein become a hermit (33. 12)
steinóðr a. violent
stela sv. 4 + D. steal
sterkr a. strong
stilla wv. still, calm; s. svá til manage (36 b. 22)

stinga sv. 3 thrust, stab
stíga sv. 1 step up, mount (34. 65); s. fram step forward (30. 34); s. af dismount (16. 40)
stjórnborði m. starboard side (25. 25)
stofn m. tree stock
stormr m. gale, storm
stóll m. stool
stórfjöllóttr a. with great mountains
stórilla adv. very badly
stórillr a. very bad
stórmein n. plu. great evils
stórmenni n. great men
stórr a. big, great; gerði þá stórt it became very rough (18. 12)
stórum adv. very, greatly
stórvel adv. right well
straumr m. stream, current
strá wv. strew, cover with straw
strengja wv. fit closely (18. 25); s. heit make a solemn vow (3. 1)
strönd f. strand, beach
stufa, stofa f. room, hall, sitting-room
stund f. period of time, a while; um s. for a while (32. 10)
styggr a. angry, furious
stýra wv. steer; s. til bana go to one's death (9 a. 15)
stýri n. rudder
stýrimaðr m. skipper
stœra wv. impers. grow rough (weather, 16. 14)
stökkull m. sprinkler
stökkva¹ wv. cause to spring, sprinkle
stökkva² sv. 3 leap, spring, break in two (41. 53), take flight (33. 11). s. útan start back (41. 110)
stöng f. staff, banner-pole
suðr adv. south, southwards
suðrætt f. the south; í s. southwards
sumar n. summer
sumr a. some
sund n. sound, strait, channel
sundr adv. asunder; í s. be done with (24. 13)
sunnan adv. from the south, on the S. side
súl f. pillar, column
svala f. swallow
svara wv. answer
svartklæddr a. clad in black
svartr a. black
svá adv. so, thus; svá...ok both...and; ok svá and also; s. at so that; s.... sem as...as
svefn-búr, -hús n., -stofa f. bed-room
sveigja wv. bend
sveinbarn n. male child
sveinn m. boy, servant

sveit f. body of men, company (19. 30), district (13. 17), bodyguard (16. 126)
sveitungr m. comrade
svelga sv. 3 swallow; *s. stórum* take a deep draught (18. 57)
svelta¹ wv. put to death, starve (15. 5)
svelta² sv. 3 die
sverð n. sword
sverja sv. 6 swear
svífa sv. 1 rove: impers. + D. drift (11. 30), it occurs to one (23. 25)
svíkja sv. 1 betray
svín n. swine, pig
syngja sv. 3 sing, chant
systir f. sister
sýn f. appearance (11. 4), vision (22. 70)
sýna wv. show: M. *sýnast* appear, seem (10. 47), think fit (32. 34)
sæföng n. plu. hauls of fish
sæng f. bed
sær m. sea § 20
særa wv. wound
sæta wv. + D. waylay, bring about (9 a. 2)
sæti n. seat, bed
sætt f. reconciliation, agreement, terms
sætta wv. reconcile: M. *sættast* come to terms (11. 17)
sættarstefna f. meeting for peace
sœfa wv. put to death, kill
sœkja wv. seek, visit, attend, attack, creep on (old age, 13. 23): w. prep. *s. at* attack (22. 71): *s. heim* visit (16. 60)
sœmd (sœmð) f. honour
sœmiliga adv. honourably
sœmiligr a. honourable, gracious
sœmr a. honourable, fitting
söðla wv. saddle
sögn f. speech, tale (33. 36), report
sök f. charge, offence (33. 16), suit; *fyrir sakir* for the sake of (19. 14); *um viku sakar* for one week (16. 147); *fyrir þinar sakar* for thy sake
sökkva sv. 3 sink
söl n. pl. samphire
sönghús n. choir

T.

taka sv. 6 take, seize: *t. höndum* seize, capture (8. 4); *t. ráð* follow a plan (16. 45); *t. heim* reach home (34. 50) w. preps. *t. ofan* take down (11. 21); *t. til* do, undertake (33. 57), use (25. 33), have recourse to (sacrifice, 12. 29), begin (to speak, 30. 40); *t. um* grasp; *t. upp* reach to (10. 53); *t. við* receive (19. 18), entertain (26. 11) M. *takast* take place; *t. af* fail (25. 57); *t. til* happen (9 a. 16)

tal n. talk, conversation
tala wv. talk, speak: M. *talast við* discuss
tangi m. a tongue, spit of land
tannskeptr a. with handle of walrus-tusk
tapa wv. + D. lose
taufr n. plu. sorcery, magic
taumr m. rein, bridle; *ganga litt í tauma* prove true (26. 70)
tákna wv. betoken
telja wv. count, number, reckon, assess; *t. upp* enumerate (16. 72)
teljandi m. assessor
tendra wv. light
tiginn a. high-born
tignarnafn n. title of honour
tigr, tögr m. ten
til prep. + G. to, for, on, of; *til þess er* until (16. 187)
tilföng n. plu. supplies
tilgörð f. desert, merit
tilstilli n. management, agency
tinknappr m. tin knob
tíð f. time; plu. offices (religious, 29. 10)
tíðindi, tíðendi n. plu. tidings, news (13. 49), events (22. 42)
tíðr a. frequent, customary, famous
tími m. time
tíu card. no. ten
tívi m. god
tjald n. tent
tjaldbúð f. tent-booth
tjóa wv. avail
tollr m. toll, tax
torleiði n. dangerous passage at sea
tortíma wv. + D. destroy
tólf card. no. twelve; ord. *tólfti* twelfth
trauðr a. unwilling, loath (16. 169); neut. *trautt* scarcely (25. 50)
traust n. help, confidence, trust
tregr a. unwilling, reluctant, slow
treysta wv. make safe: M. *treystast* rely on (17. 19)
trjóna f. pole (25. 94 N.)
trog n. trough
troll n. troll
trollkona f. troll-woman, witchwife
trú, trúa f. faith (esp. Christian, 28. 4), belief (5. 17)
trúa wv. + D. believe; *vera vel trúaðr* be a good Christian (12. 28)
trúmaðr m. good Christian
tryggð (usu. in plu.) f. plighted faith, truce
tryggðamál n. plu. truce formula
trylla wv. enchant, bewitch
tuglamöttull m. cloak with straps
tunglskin n. moonlight
tuttugu card. no. twenty

túlka wv. interpret; *t. mál* plead a
cause (16. 56)
tún n. enclosure, homestead
tveir card. no. two
tvíhólkaðr a. surmounted with a
double ring
tvítugeyringr a. weighing twenty
'*aurar*' (ounces)
tvítugr a. twenty; *tvitug drápa* a poem
with twenty stanzas
tyggja sv. 3 chew
typpa wv. arrange a head dress, tie in
top-knot
tyrviðr (tyriviðr) n. tarwood
tysvar adv. twice
týja wv. avail
týna wv. lose; M. *týnast* perish
tögr m. ten
tönn f. tooth

U.

ull f. wool
ullarhlaði m. pile of wool
ulllaupr m. wool basket
um prep. + A. about (23. 11), around,
over (5. 10), during, beyond, above,
at, in regard to; *um þat er* when
(16. 164); *u. fram* above (13. 3)
umbúð f. apparatus, contrivance
umbúningr m. outfit, preparation
umgjörð (umgerð) f. frame, scabbard
umhverfis prep. and adv. around
ummæli n. plu. words
umráð n. consideration; plu. delibera-
tion; *til umráða* for consultation
umtal n. talk, conversation
una wv. be content; *u. sér* be happy
(24. 1)
undan prep. (+ D.) and adv. from under
(11. 23), away; *u. landinu* lying off
the coast (25. 20); *komast u.* escape
undankváma f. escape
undarligr a. wonderful, strange
undir (und) prep. + D. under; + A.
underneath (17. 17)
undr n. wonder, portent, shame
undra wv. wonder at: M. *undrast* be
astonished (25. 99)
ungr a. young; cmpr.*yngri*; supl. *yngstr*
unna wv. + D. love
unz conj. until
upp adv. up, above
upphiminn m. (high) heaven
upphlutr m. bodice, upper part of
garment
uppi adv. up; *vera u.* be at an end,
live (16. 81); *á u.* upon
upplenzkr a. from Upland in Norway
uppréttr a. upright, erect
urt f. herb
uxi m. ox

U.

úáran n. bad season
úborinn a. unborn
úbrunninn a. unburnt
úbygð f. uninhabited region
úbygðr a. uninhabited
úfriðr m. war, hostilities
úfölr a. 'not pale,' ? prepared (skins)
úgetinn a. unbegotten
úgleði f. sadness, melancholy
úgleðja wv. grieve: M. *úgleðjast* become
sad
úhræddr a. fearless, unafraid
újafnaðarmaðr m. overbearing man
úkátr a. depressed, melancholy
úkembdr a. unkempt
úkunnr a. unknown, strange
úmannligr a. unmanly
únefndr a. unnamed
úr = *ór*
úríkr a. humble, poor
úsakaðr a. unhurt
úsjálfráðr a. out of one's control
(33. 6 N.)
úskorinn a. uncut
úspektarmaðr m. unruly person
út adv. out; cmpr. *útar, útar frá* nearer
the door (30. 25): *út fyrir* outside
(25. 48)
útan adv. from without; *fyrir ú.* out-
side, beyond
útborði m. the seaward side
útfallsstraumr m. ebb tide
útfararsaga f. story of travels abroad
(to the Holy Land, 36 b. 17)
útganga f. going out, exit
útgörð f. fleet for coast defence
úti adv. out (out of doors, at sea)
útivist f. being at sea, voyage
útlagi m. outlaw
útlendr a. foreign
útróðr m. rowing out to sea (espec. to
fish)
útsker n. outlying skerry
útsunnan adv. from the S.W.
útsynningr m. a S.W. wind
úvarr a. unaware; *á úvart* unawares
úvinr m. foe, enemy
úvígðr a. unconsecrated
úvígr a. *ú. herr* overwhelming host
(17. 22)
úvænn a. hopeless (16. 30)
úþveginn a. unwashed

V.

vagga f. cradle
vaka wv. be awake (16. 101), to
awake
vakna wv. awake (22. 72), wake up

vald n. power (16. 161), main force, authority; *á hans v.* under his jurisdiction

valr m. hawk, falcon

vandamál n. difficult case, question

vandi[1] m. custom, habit

vandi[2] m. obligation, duty

vandr a. careful; *vera v. at* be particular about (36 *b.* 29)

vandræði n. difficulty, trouble

vanr a. wont, accustomed

vara[1] wv. warn; M. *varast* beware of (19. 39)

vara[2] wv. be aware of, expect (16. 166); impers. *þá er minnst varir* when one least expects it (38. 25)

vararfeldr m. cloak (for sale)

varboðit p.p. meanly offered (12. 17)

varða wv. guard, ward off, concern one; *hvat mun v.* what will it matter? why not? (18. 53)

varðlokkur f. plu. 'warlock,' spell-song

varðveita wv. keep, preserve, guard

varðveizla f. keeping, custody

vargr m. wolf

varla adv. scarcely

varningr m. wares, goods, cargo

varr a. aware; *verða v. við* be aware, notice

vatn n. water, lake; plu. *vötn* great rivers

vatnsóss m. mouth of lake

vaxa sv. 6 grow, spread

váð f. stuff, cloth; plu. *váðir* clothes

vágr m. creek, bay

vágskorinn a. indented with bays

ván f. hope, expectation; *vánu bráðara* sooner than expected (26. 61)

vápn n. weapon

vápna wv. arm

vápndauðr a. slain by a weapon (*opp. sóttdauðr*)

vár n. spring

vára wv. impers. *er vára tók* when spring came (27. 4: 26. 60)

várlangr a. as long as a spring day

várr prn. our § 59

váttr m. witness

veðr n. weather, wind

veðrátta f. state of the weather

vefr m. web in loom (34. 61)

vega sv. 5 attack, fight, slay; *v. víg* slay a man (33. 41)

veglyndi n. generosity, pride

vegr[1] m. road, way; *annan veg* in the opposite direction, away from

vegr[2] m. honour, distinction

veiðiferð f. expedition (for fishing or hunting)

veiðimaðr m. hunter

veiðr f. hunting, fishing

veifa wv. wave, swing

veita wv. grant, give (10. 44), help (16. 162), perform (29. 10), hold (32. 34) M. *veitast at* stand by each other (16. 163)

veizla f. feast, banquet (13. 12), hospitality (23. 5), revenue (14. 7); *búa v.* prepare a feast (13. 12)

vekja wv. awaken (10. 10), broach (33. 58)

vel adv. well

velja wv. choose, offer (greetings)

velkominn a. welcome

velta wv. roll : M. *veltast* roll oneself

vera v. §67 be, exist, happen, dwell, stay w. preps. *v. at* be busy; *v. eptir* remain behind; *v. til* exist

veraldargoð m. god of human life

verð n. worth, importance

verða sv. 3 happen : *w. nouns, adjs., etc.* become; *w. infin.* denoting necessity obliged to (9 *a.* 17); befall one (D. of pers.) w. preps. *v. at* happen, become; *v. til* be ready to (22. 28); *v. vel* thrive (25. 60); *v. við* respond to, resist

verðr a. (+ G.) worth (37. 11), fitting (16. 134); *mikils v.* of great importance

vergjörn a. anxious for a husband

verja wv. defend; M. *verjast* defend oneself (22. 71)

verk n. work, deed

verr (poet.) m. husband

verri cmpr. a. worse

vestan adv. from the west, on the west side of; *fyrir vestan* west of (14. 32)

Vestfirðingar m. plu. men from the West Fiords

vestr n. the west; adv. westwards; *v. um haf* to the British Isles

vestri cmpr. a. western

vestrvíking f. raiding on the British Isles

vetr m. winter, year

vetrnætr f. plu. 'winter-nights'

véla wv. defraud, deceive

vér see *ek* § 56

við prep. + D. at, towards, to meet (41. 106), in exchange for + A. against, to, close to, towards, among (29. 3), concerning (23. 16), at, with *við þat* at that (10. 7)

viðgerðarmikill a. wild (weather), dangerous (22. 48)

viðköstr m. wood pile (22. 65)

viðr m. tree, timber

viðrœða f. conversation

viðtaka f. reception
vika f. week
vili m. will, permission, wish
vilja v. § 88 will, wish, want
vinátta f. friendship
vindr m. wind
vingjarnligr a. friendly
vinna sv. 3 work, win, gain, conquer (12. 2); *v. undir* render subject to (14. 1); *v. fyrir* provide; *v. at* kill
vinr m. friend
vinsæld f. popularity
vinsæll a. blessed with friends, popular
vipta f. woof (34. 62)
virða wv. value: M. *virðast vel* be highly esteemed (30. 59)
virðing f. reputation, honour, dignity
virðingamaðr m. man of distinction
virðuliga adv. honourably
virðuligr a. worthy, splendid
virgill m. halter
vist f. food, provisions; stay, *til vistar* to stay
vit[1] see *ek* § 56
vit[2] 'wit,' understanding; *á vit* visiting
vita v. § 87 know, see, look, mean; *v. fram* know the future (41. 61); *v. fyrir* know beforehand
vitja wv. visit; *v. heita* claim a promise (16. 12)
vitr a. wise
víða adv. widely, far and wide
víðlendr a. having a wide domain
víg n. fight, battle, manslaughter
vígja wv. consecrate, hallow
vígsla f. consecration, ordination
víking f. freebooting expedition, piracy
víkingr m. 'viking,' sea-rover, pirate
víkja sv. 1 turn, move
vínberjaköngul m. bunch of grapes
vínviðr m. vine
vísa[1] wv. point, direct
vísa[2] f. verse, stanza
vísindakona f. 'wise-woman'
víss a. certain; neut. as adv. *víst* for certain; *víst eigi* by no means (9 a. 30); *verða víss* ascertain (26. 36)
vreiðr see *reiðr*
vængr m. wing
vænn a. likely, hopeful, promising, handsome
vænta wv. give hope of, expect (9 a. 33); *v. trausts at* put one's faith in (19. 6); impers. hope
vætr n. indcl. nought
vættr f. 'wight,' being (espec. supernatural); *heiðnar vættir* heathen fiends
völlr m. field, place, flat ground (22. 66); *leggja at velli* overthrow, slay (16.165)

völva f. wise-woman (26. 4)
vörðr m. guard, watch
vöxtr m. growth (25. 5)

Y.

yðr prn. you § 56
yfir prep. +D. over, above; +A. on (19. 26), over, beyond
yfirmaðr m. superior, master
ykkarr prn. your § 56
yrkja wv. work, till, compose (18. 64)

Ý.

ýmiss a. now this, now that; plu. *ýmsir* by turns (4. 2)
ýztr (yztr) a. supl. outermost (30. 23)

þ.

þaðan adv. thence; *þ. frá* from that time
þagna wv. become silent
þakka wv. thank
þangat adv. thither, to that place: *þ. til* till that time (13. 45)
þar adv. there, at that place, then, thither
w. preps. *þ. af* therefrom; *þ. á* thereupon; *þ. eptir* thereafter; *þ. fyrir* therefore; *þ. í móti* in return; *þ. til* thereto, until; *þ. um* about that
þarfr a. needed, useful
þarmar m. plu. entrails
þat, þá see *sá* § 60
þá adv. then, thereupon; *þá er* when
þegar adv. at once, forthwith (14. 49), as soon as (22. 10)
þegja wv. be silent
þeir, þær, þau see *sá* § 60
þekkja wv. perceive, recognise (41.127): M. *þekkjast* consent to, accept of (34. 9)
þess see *sá* § 60: *w. cmpr.* the more (18. 56)
þessi demonst. prn. this § 60
þesskonar a. of that kind
þér, þik, þín see *þú* § 56
þiggja sv. 5 accept (12. 21), receive
þiggjandi m. receiver
þili n. wainscot, panel, gable-end
þilja f. deal, plank; plu. the deck
þing n. 'thing,' assembly, meeting
þingmaðr m. member of assembly, liegeman
þit see *þú* § 56
þjóðstefna f. public meeting
þjófr m. thief
þjóna wv. serve, attend to
þjónustuveinn m. page, servant

þjóta sv. 2 whistle, roar
þola wv. endure, bear
þopta f. rowing beuch, thwart
þora wv. dare
þorskr n. cod, codfish
þó adv. yet, nevertheless, though
þótt (=þó at) conj. although
þreifa wv. feel with hand: M. þreifask grope
þrekligr a. strong
þrettándi ord. no. thirteenth
þrevetr a. three years old
þriði ord. no. third
þriðjungr m. third part
þrifnaðarmaðr m. well-to-do man
þrífa sv. 1 snatch
þrír card. no. three
þrjóta sv. 2 impers. it fails, comes to an end (36 b. 14)
þrúðugr a. mighty
þrútna wv. swell
þrysvar adv. thrice
þræll m. thrall, slave
þröngr a. tight fitting
þurfa v. § 87 need (impers., 22. 38), want (26. 20); +G. stand in need of (25. 33)
þurs m. giant
þursligr a. like a giant
þú prn. thou § 56
þvengr m. thong, latchet
þverfingr m. a finger's breadth
þverr a. athwart, adverse
því [D. of þat] adv. and conj. therefore: w. cmpr. þ. hæra the higher (5. 17); því at (þvíat) because
þvílíkr a. such-like, such
þykkja wv. be thought to be, seem: +D. one thinks (2. 1); M. þykkjast think (10. 30)
þylja wv. speak, recite, chant

þyrsta wv. impers. be thirsty
þökk f. pleasure, thanks; kunna þ. be grateful (13. 32)
þörf f. need; plu. þarfar

Æ.

æ adv. ever, always
æðrast wv. M. falter, lose heart
ætla wv. think, mean, intend, purpose, decide, allot, will; M. ætlast purpose
ætlan f. thought, plan
ætt f. direction; race, family, descent
ættaðr a. by birth, descended
ættmenn m. plu. kinsmen
ævi f. age, time; alla æ. for all time, for ever
ævintrygðir f. plu. everlasting truce

Œ.

œpa wv. cry, scream, shout
œrinn a. sufficient

Ö.

öðlast wv. M. win, get for oneself
öðruvís(i) adv. otherwise
öl n. ale
öld (plu. aldir) f. time, men, people
öldr n. ale drinking
öndóttr a. fierce
öndvegi n. 'high-seat'
öndvegissúla f. 'high-seat' pillar
ör f. arrow
örendi n. see erindi
örlög n. plu. fate, fortunes (10. 17), future
örvænn a. beyond expectation; engis ills örvænt capable of any evil (19. 4)
örœfi n. desert region
öx f. axe

ADDENDA TO THE GLOSSARY

föstumorginn m. "Friday morning"
helvítiskvalir f. plu. "hell torments"
hleytbolli m. "sacrificial bowl"
hleytteinn m. "rod (for sprinkling blood)"
hrörna wv. "fall into decay"
liðsmunr m. "odds"
lína f. "veil"

megin n. "power"
nemna for nefna (q.v.)
nærri for nær (q.v.)
ofítill a. "too little"
rök n. plu. "marvels," "great things"
sjófang n. "catch of fish"
vandliga adv. "carefully," "completely"